Reconocimientos para *Nada que demostrar*

"Estas páginas representan lo que tu alma anhela. En *Nada que demostrar*, Jennie Allen nos recuerda que cuando nos enloquecemos buscando la perfección, nos perdemos la hermosa gracia que Dios diseñó para nuestro vivir. Una de las maestras de la Biblia más brillantes de nuestros tiempos, Jennie nos trae liberación con estas hojas".

—Ann Voskamp, autora de *Quebrantamiento.*

"Todo lo que sé es que cuando estoy con Jennie siento hambre de conocer mejor a Dios. Su pasión de ser suya por sobre todo lo demás –a cualquier precio– agita algo en mi alma. Lee *Nada que demostrar* y observa si algo de lo que ella aprende a sus pies no se derrama también sobre tu deseosa alma".

—Kay Warren, maestra de la Biblia y autora de *Escoja el gozo.*

"*Nada que demostrar* nos lleva en un viaje que nos libera de la necesidad de estar a la altura de las circunstancias. Con una autenticidad vulnerable, Jennie Allen nos anima a meternos con más profundidad en las corrientes del Agua viva y vivir seguros al saber que no tenemos absolutamente nada que demostrarle a Dios ni a las personas".

—Mark Batterson, pastor principal de
National Community Church.

"Una cosa es escri~~bir bien sobre los altos con~~ceptos de la fe o, como alternativa, so~~~~ Escribir bien sobre la gracia y sob~~~~ a de Cristo y sobre la tarea para el ~~~~ ennie lo hace maravillosamente. H~~~~ no, y me alegra que nos invite a ser parte de esta importante conversación".

—Shauna Niequist, autora de *Present Over Perfect.*

"Jennie Allen nos llama a dar la mejor versión de nosotros, la versión que Dios procura. Nos llama a levantarnos por encima del "ay de mí" y focalizarnos en "¡Dios es grande!". Amamos este mensaje glorioso y resonante universalmente".

—Louie y Shelley Giglio, cofundadores de
Passion Conferences y *Passion City Church.*

"Jennie Allen comparte con una gran pasión y transparencia lo que cada corazón agotado ha estado anhelando: a causa de Jesús podemos dejar de esforzarnos. En Él somos suficientes. Y lo hemos sido en todo momento".

—Lysa TerKeurst, exitosa autora incluida en la lista de *bestsellers* del *New York Times* y presidente de *Proverbs 31 Ministries.*

"Con honestidad y una pasión pura, Jennie Allen nos invita a todos a dejar a atrás las demostraciones y las simulaciones que nos asfixian. ¡Hay más que esto en la vida! Al compartir la sabiduría que obtuvo a duras penas a través de su propio viaje, Jennie nos lleva a los pies de la cruz, donde se encuentran la gracia y la misericordia, y descubrimos otra vez que no tenemos que demostrar absolutamente nada".

—Jo Saxton, autor, orador, y presidente
del consejo de *3D Movements.*

"En un tiempo en que es difícil lograr descansar, cuando nuestros días están repletos del constante clamor de ser más, hacer más y tener más, la mayoría de las personas se sienten exhaustas y sobrepasadas. A través de su propia vida y de ejemplos con los que todos nos podemos relacionar, Jennie Allen declara fielmente que el descanso solo puede encontrarse en la obra terminada de Cristo".

—Matt Chandler, pastor principal de *Village Church*, Dallas,
y presidente de *Acts 29.*

"Vivimos en un mundo que intenta robarnos el valor y la identidad día a día. Aleja nuestro corazón de Dios y lo enfoca en nuestras deficiencias. Estoy muy agradecida de que mi amiga Jennie Allen, en *Nada que demostrar*, nos realinee a todos con la verdad de las Escrituras. Este libro te ayudará a quitar los ojos de los problemas y volver a ponerlos en las promesas de Dios".

–Christine Caine, fundadora de *A21* y *Propel Women*.

"Jennie es una de esas raras personas que posee una visión profética y ardiente con mucha ternura y gracia. Y debido a eso, siempre estoy leyendo y aprendiendo de su voz. En este libro me mete de lleno en las Escrituras y me deja de rodillas en el piso; y en mi opinión un libro que logra eso es espectacular".

–Jefferson Bethke, exitoso autor incluido en la lista de *bestsellers* del *New York Times* de *Jesus>Religion*.

"'Si alguno tiene sed, que venga a mí y beba'. Jesús gritó estas palabras a una multitud de personas confundidas, débiles y espiritualmente sedientas, cansadas de esforzarse de ser capaces y hacer lo suficiente; personas como tú y yo y Jennie Allen. Este sincero y maravilloso libro es el humilde grito de Jennie de que Jesús dice la verdad. Es su historia de encontrar libertad y descanso. Y si la escuchamos, puede ser nuestra historia también".

–Jon Bloom, cofundador de *Desiring God* y autor de *Not by Sight* [No por vista].

NADA
QUE
DEMOSTRAR

NADA
QUE
DEMOSTRAR

POR QUÉ PODEMOS DEJAR
DE ESFORZARNOS TANTO

JENNIE ALLEN

FUNDADORA DE **IF:GATHERING**

ORIGEN

Título original:
Nothing to Prove: Why We Can Stop Trying So Hard

Esta traducción es publicada bajo acuerdo con WaterBrook Press,
sello editorial de Crown Publishing Group, una división de Penguin Random House LLC, en
asociación con Yates & Yates, LLP, attorneys and counselors, Orange, CA, www.yates2.com
Todos los derechos reservados.

Primera edición: Septiembre de 2017

© 2017, Jenney Allen
© 2017, Penguin Random House Grupo Editorial USA, LLC.
8950 SW 74th Court, Suite 2010
Miami, FL 33156

Diseño de portada de Kelly L. Howard y Lauren Sterrett
Arte de portada de Anna Petyarre
Foto de la autora de Lily and Sparrow Photography: Mandy Pool and Haylee Huffman

Todas las citas bíblicas, a menos que se indique lo contrario, son tomadas de la Santa Biblia,
Nueva Versión Internacional® NVI® Copyright © 1986, 1999, 2015 por Bíblica, Inc.® Usada con
permiso. Todos los derechos reservados mundialmente.
La cita señalada como MSG es una paráfrasis traducida al español de The Message. Copyright
© de Eugene H. Peterson 1993, 1994, 1995, 1996, 2000, 2001, 2002. Usada con permiso de
Tyndale House Publishers Inc.

ISBN: 978-1945540-76-9

Impreso en Estados Unidos – *Printed in USA*

Penguin
Random House
Grupo Editorial

Para mis hermanas (y mejores amigas),
Brooke y Katie.

• • • • • • • • • • • • • • • •

Ambas me demuestran una clase de amor

incondicional, inmutable, desinteresado y

que nunca tiene que demostrar nada.

Este año comprobamos contra viento y

marea que Dios me sostuvo firmemente a

través de sus vidas. Voy a estar por siempre

agradecida por ustedes.

Índice

Reconocer nuestra sed

"Jennie, ¿qué es lo que no dices?".

Mis amigas íntimas siempre hacen preguntas molestas. Atrapada en el asiento trasero durante nuestro viaje a Houston justo antes de Navidad, les di respuestas concisas, sin querer captar demasiado el oxígeno del auto y sabiendo que mi vida, en comparación con tantas otras, no es tan difícil como a veces parece.

No me creyeron. Bekah volvió a insistir.

"Lo veo, Jennie. Lo veo sobre ti y dentro de ti. Sientes demasiada presión. ¿De dónde viene tanta presión?".

Miré para afuera del auto. Las lágrimas se me agolpaban en los ojos, pero no las iba a dejar salir. No podía decidir si en realidad quería entrar en ese lugar y sentir todo. Por más que tratara de que sonara en serio cuando decía "estoy bien", una tristeza constante y silenciosa había estado creciendo durante los últimos meses. Parecía que sentía el pecho siempre oprimido, y muchas noches me quedaba despierta medio temerosa y medio tratando de confiar en Dios en cosas como…

… las acuciantes inseguridades que arrastro, al preguntarme si acaso importa alguna de las formas en las que se me pasa la vida.

… los crecientes desafíos que estábamos enfrentando con uno de nuestros hijos y sus necesidades especiales.

… la tristeza que siento por mi hermana menor, que está sufriendo una tragedia impensable.

… las inevitables presiones que tengo al liderar una creciente organización que ya ha cobrado vida propia.

… el agotamiento que traen todas estas presiones y otras más.

… el pecado que sale de mí hacia los demás debido al cansancio de todo esto.

¡Uf! ¿Profundizo en ello? ¿Servirá de algo?

Queriendo mantener la compostura, me contuve mientras viajábamos unas horas más hacia Houston. Me quería esconder detrás de algo que distrajera la atención de todas hacia otro tema.

Permanecí en silencio, decidiendo.

Pero ellas no iban a parar.

Cambié de tema. "¿Por qué no paramos y comemos? ¿No tienen hambre?".

Estuvieron de acuerdo en dejarme comer si me abría y les contaba cómo me sentía realmente. Como rehén de estas locas buenas amigas, tendría que arriesgarme a ser vulnerable.

De alguna manera en los lujosos suburbios de Houston, encontramos una casucha de venta de hamburguesas con el piso sucio y sin calefacción central. Éramos las únicas en el lugar. Nos apiñamos alrededor de la estufa y comimos unas de las mejores hamburguesas de nuestras vidas.

Para la constante preocupación de nuestro agradable camarero, que continuamente me traía servilletas, me quebré y, bañada en lágrimas, les di acceso a mis amigas a todo mi ser: la constante ineptitud que siento; el temor de defraudar a aquellos que lidero o, peor incluso, a mis hijos; la constante presión que trato de ignorar pero de la que nunca puedo escapar;

la tristeza por mi hermana; la duda que a menudo siento con Dios a pesar de que predico y escribo libro sobre Él; la forma en que me había quebrantado antes frente a un pobre interno en la oficina; el constante sentimiento de que sin importar cuánto lo intente, no soy suficiente. Todas las cosas que no quería decir, que ni siquiera quería reconocer en lo íntimo, finalmente las dije.

Durante dos horas ininterrumpidas mis amigas me regalaron todo el oxígeno. De forma sacrificada y sin juzgarme me lo cedieron y me obligaron a respirar en él, recibir amorosamente sin temor. Por primera vez en un largo tiempo, me reí mucho y con libertad. Esa clase de risa profunda, alegre, que te hace reír de la vida y de ti misma.

En el transcurso de esas dos horas me permití ser una completa idiota que no tenía una pizca de cordura. Estaba libre de expectativas, de los roles que jugaba, de las presiones de la vida real. Nada acerca de mis circunstancias cambió en ese momento. Pero todo en mi interior se transformó. No me di cuenta hasta entonces que, accidentalmente, había permitido que mi vida se convirtiera sutilmente en una actuación. Sobre ese piso sucio, me olvidé de todas mis líneas, abandoné mis papeles, solté los disfraces…

No tenía nada que demostrar.

Me empapé de gracia. No sabía de lo que había estado tan sedienta. *Gracia*. No lo sabía hasta que confesé mi sed sobre las hamburguesas de un local con el piso sucio. Mis amigas tenían la gracia almacenada, esa gracia contagiosa de Jesús que todas bien conocen. Como una corriente refrescante, la gracia de Jesús fluyó de ellas y se derramó en mi alma seca, agotada y sedienta.

Quizá conoces esa sed, ese deseo desde lo más profundo de tu ser que busca alivio. ¿Acaso lo sientes en este preciso momento?

Estoy convencida de que cada una de nosotras pelea contra algún tipo de presión, sufrimiento, pecado, carga; tal vez todos ellos al mismo tiempo. Sin embargo, qué hacemos cuando nos preguntan: "¿Cómo estás?".

Respondemos: "Bien. Muy bien. Genial".

Te tengo un secreto: nadie está *bien, muy bien, genial.*

Pero, ¡Dios mío!, todas estamos cansadas de tratar de fingir que lo estamos.

¿Estás cansada? No estás sola.

La verdad que descubrí ese día en un local de las afueras de Houston está disponible y es real cada día para cada una de nosotras. **Necesitamos una nueva manera de vivir.**

¿Quieres salir del escenario? ¿Adivina qué? Una hamburguesa con queso y una casucha con el piso sucio, llena de gracia, te están esperando.

Pero debo advertirte que hay una guerra intensa para evitar que la encuentres. Si Dios y el cielo y los ángeles y los demonios son reales, entonces un enemigo real está afuera para reclamar todo lo que es bueno, libre, apacible y alegre en nosotras.

Así que aquí comenzamos. Empezamos dándonos cuenta de que no estamos solas. Comenzamos reconociendo que, de hecho, todo el infierno saldrá fuera de nosotras si decidimos vivir libres y disfrutar de la gracia.

Ben Rector, uno de mis músicos favoritos, con frecuencia le pone palabras a la música de una manera que expresa la verdad. Él escribió: "A veces el diablo suena muy parecido a Jesús".[1]

Hemos sido engañadas por las mentiras de un enemigo que conoce exactamente cómo desviar nuestra sed hacia sus propósitos. Y necesitamos desesperadamente abrir los ojos ante sus perversas tácticas.

SI YO FUERA TU ENEMIGO...

Si yo fuera tu enemigo, te haría creer...
- que necesitas permiso para liderar.
- que estás desamparada.
- que eres insignificante.
- que Dios quiere decoro y buena conducta.

Y durante años estas mentiras alcanzaron para apagar gran parte de la iglesia.

Pero ahora muchas de ustedes están despiertas. Estás en la Palabra y sobre tus rodillas. Dios se está moviendo a través de ti y te estás volviendo peligrosa. Estás comenzando a ser libre y a guiar a otros hacia la libertad. Las viejas mentiras ya no sirven.

Así que, si yo fuera tu enemigo, te adormecería y te haría distraer de la historia de Dios.

Tecnología, redes sociales, Netflix, viajes, comidas y vinos, comodidad. No te tentaría con cosas especialmente malas, porque sospecharías. Te distraería con comodidades de todos los días que lentamente te alimenten de una historia diferente y te hagan olvidar de Dios.

Luego tú desestimarías al Espíritu que te guía, que te ama y te reconforta. Entonces comenzarías a amar la comodidad más que la sumisión, la obediencia y las almas.

En caso de que eso no funcionara, **atacaría tu identidad. Te haría creer que tienes que demostrar que vales.**

Entonces te enfocarías en ti en lugar de hacerlo en Dios.
- Tus amigos se volverían enemigos;
- tus compañeros de trabajo se volverían competidores;

- te aislarías, pensando que no estás a la altura de las circunstancias;
- te deprimirías y serías desagradecida por tu historia.

O

- te compararías y creerías que eres mejor que otros;
- juzgarías a las personas que necesitan a Dios;
- las condenarías en lugar de amarlas e invitarlas a conocerlo;
- criticarías, destruirías y echarías abajo la obra de Dios.

De cualquier manera, perderías tu gozo porque tus ojos estarían puestos en ti misma y en las personas en lugar de enfocarte en Jesús.

Y si eso no funcionara, **te intoxicaría con la misión de Dios en lugar de hacerlo con Dios mismo.**

- Entonces alabarías la causa en lugar de alabar a Jesús;
- pelearías con otros para tener el papel más importante;
- te consumirías esforzándote;
- pensarías que el éxito se mide por los resultados que ves;
- construirías plataformas para recibir aplausos en lugar de armarlas para mostrar a Dios.

Entonces gastarías todo tu tiempo y esfuerzo en volverte importante en lugar de gastarlos en conocer a Jesús y amar a las personas. Tendrías por objetivo reunir seguidores, obtener un puesto de trabajo sofisticado, publicar libros, construir grandes ministerios en lugar de buscar las almas de los hombres y la gloria de Dios.

Y si todo eso no funcionara, **te haría sufrir.**
Entonces quizá pensarías que Dios es malo y no bueno;

- tu fe disminuiría;

- te amargarías, te agotarías y cansarías en lugar de crecer y florecer y ser cada vez más parecida a Cristo;
- intentarías controlar tu vida en lugar de entrar en los planes que Dios tiene para ti.

El enemigo está diciéndote que la libertad solo se encuentra cuando te demuestras a ti misma y al mundo que...

- *eres* importante,
- *tienes* el control,
- les caes bien a los demás,
- *eres* feliz,
- *eres* autosuficiente.

EXPONER LA MENTIRA

Aquí está el asunto. El enemigo promete agua, pero cada vez que vamos a su pozo, está vacío. Nos da un trago, lo necesario como para seguir creyéndole. Hemos pensado que nuestros deseos serán satisfechos si somos capaces y si tenemos lo suficiente. Así que perseguimos imágenes, preguntas, cosas, personas, y mientras tanto nos preguntamos: *¿por qué todavía tengo sed?*

Dios es muy claro en el libro de Jeremías sobre lo que está sucediendo:

Dos son los pecados que ha cometido mi pueblo: Me han abandonado a mí, fuente de agua viva, y han cavado sus propias cisternas, cisternas rotas que no retienen agua.[2]

Agua. Ningún ser humano puede sobrevivir tres días sin ella. Ningún otro recurso es tan esencial para mantener la vida. Ninguno.

Cuando miras el mapa de alguno de los lugares más áridos del mundo, puedes ver que las ciudades se encuentran junto a ríos y corrientes de agua. **Donde hay agua, hay vida.** La vegetación, los animales, la industria, la prosperidad humana. **Y en ausencia de agua, hay muerte.**

No creo que hubieses agarrado este libro si no estuvieras sedienta. Creo que estás aquí porque te encuentras tan sedienta que ya no puedes soportarlo y oras para que quizá esta vez encuentres agua viva y duradera para vivir. Estoy aquí porque quiero pelear para que no vivas más sedienta sino colmada. Yo encontré agua, encontré reposo, y te voy a mostrar dónde se encuentra.

Hay agua para ti. No tan solo lo justo para saciar tu sed, sino un suministro ilimitado que te llenará y luego brotará de ti hacia un mundo sediento. Pero el agua que necesitas se encuentra en una única Fuente.

Voy a decírtelo directamente. Tan solo hay una respuesta para tu sed:

Jesús.

"¡Si alguno tiene sed, que venga a mí y beba!", dice Jesús en el Evangelio de Juan. "De aquel que cree en mí… brotarán ríos de agua viva".[3]

Solamente Él es la Fuente de la cual fluyen todas las cosas que ansiamos y deseamos.

Me agrada mucho poder comenzar aquí sin hacer ninguna promesa vacía. Porque mi único propósito es guiar tu alma sedienta hacia las corrientes de agua viva, hacia Jesús. Él siempre da.

¿Por qué ir allí?

En la práctica, nada de lo que estoy enfrentando en la vida cambió ese día sobre el piso sucio en Houston; sin embargo, cambió todo.

No me sentí tan sola.

Sentí alivio.

Me sentí amada.

Sentí como si pudiese respirar hondo.

Me sentí reconocida.

Creí más en Jesús, que Él perdona y está en todo esto conmigo.

Sentí la oleada de libertad que viene de vivir sin *na-da-que-de-mos-trar*.

Debo advertirte que encontrar la salida del desierto de esforzarte tanto y de la presión no va a ser fácil; pero espero que igual puedas venir conmigo, te voy a mostrar cómo encontré la salida.

Comencemos por el principio, cuando aprendí a perseguir espejismos de agua en el desierto…

Parte 1

························

NUESTRO DESIERTO DE ESFUERZOS

1

Mi tranquila confesión

Esa voz ha estado dando vueltas en mi cabeza la mayor parte de mi vida: *no valgo lo suficiente.*

Me alzó sobre su regazo, y mis flacas piernas de doce años colgaban sobre el brazo de su gastada mecedora a cuadros. Papi es un soñador, y allí era donde soñábamos. Su figura de casi dos metros hacía que el sillón se enderezara, y los dos juntos mirábamos fijamente el techo y analizábamos el mundo.

"¿Hay algún niño que guste de ti, Jennie?".

Lanzaba una risita obligatoria porque era un pensamiento tonto a la edad de doce años. Al poco tiempo los muchachos se *convertirían* en el objeto de mi más obsesivo interés, pero no todavía. No solo era larguirucha, sino que mi abuela me había cortado el pelo bien corto el año anterior. Estoy segura de que su intención no fue tan mala como lo sentí. Luego inclinó la cabeza y decidió que se vería aún mejor con una permanente.

Mi elegante abuela de cabello canoso y esta niña de quinto grado tenían el mismo peinado.

Así que, no, papá. No había ningún niño. Bueno, excepto por Henry, cuya rubia melena era más salvaje que su comportamiento. Después de mi trágico incidente de quinto grado con el cabello, Henry me había preguntado gentilmente si acaso una aspiradora me había chupado el cabello.

Sí. Eso todavía duele un poquito.

Mi papi y yo soñábamos y pensábamos. Calificaciones. Amigos. Deportes. Muchachos. Recitaba los temas de un tirón como si fueran parte de un directorio secreto de cosas que los papás en todas partes tienen que preguntarles a sus hijas cuando se vuelve difícil conversar con ellas.

La lista no pretendía catalogar todas sus expectativas; tan solo estaba verificando, ayudando a su pequeña niña de mirada fija a establecer objetivos y encontrar su lugar. En gran parte curioseaba, aunque solo lo sé ahora que ya tengo mis propios hijos de doce años. Él no podía saber que en ese momento mi pequeño cerebro de primogénita competía para asimilar esa lista y, con eso, tomaba nota de una línea fuera de mi alcance. Una delgada línea negra de llegada que marcaba el lugar en el que cumpliría esa creciente lista de expectativas imaginadas e inalcanzables.

Esa línea esperaría indefinidamente en un límite distante de mi mente, para persuadirme a alcanzarlo. Dentro de mí, durante la mayor parte de mi vida, viviría una teoría que asimilé como un hecho: era imposible llegar al destino donde finalmente podría demostrar quién era yo y cuánto valía. *Llegaría* a una línea que marca el lugar donde al fin y al cabo iba a estar a la altura de las circunstancias con mi familia, mis pares, mi Dios y mis propias expectativas. Pero al igual que el espejismo en el desierto, cada vez que pensaba que al final me estaba acercando, la línea retrocedía.

Todo comenzó antes de que fuera lo bastante grande como para darme cuenta, y como para que los muchachos se dieran cuenta, cuando me vino el primer pensamiento…

Yo no valía lo suficiente.

Durante mi primer año en la universidad de Arkansas, algunas amigas me obligaron a unirme con ellas en una larga fila para presentarme a las pruebas de porristas de los Razorbacks. Era obvio que no iba a lograrlo; yo no era precisamente lo que se consideraba una atleta. Fui a una sola temporada de fútbol en primer grado. Después, un año, intenté correr por la pista y melodramáticamente me desmayé de verdad tras correr ochocientos metros en el primer encuentro. Sí hice gimnasia, pero nunca formé parte del equipo de porristas hasta el último año de la escuela secundaria. No sé si no era lo bastante buena o si me ponía tan nerviosa al punto de descomponerme, que no podía ni sonreír. De todos modos, sabía que en la facultad no lo lograría, pero era gracioso fingir por unos días que podía hacerlo.

Mientras crecía en Arkansas, solía ir con mi papá a todos los juegos de los Razorbacks, ¿y qué hacía? No miraba a los muchachos con protectores en el campo de juego; junto con muchas otras pequeñas niñas del estadio, memorizaba cada movimiento que hacían las porristas. Y ahora aquí estaba yo, parada en la fila con algunas de las jóvenes más encantadoras y atléticas que jamás había visto, todas vistiendo la camiseta de la Asociación Nacional de Porristas. Tenían un currículum que enumeraba cada premio que habían ganado y cada equipo especial del que habían sido parte.

Yo no tenía ningún currículum. Un año como porrista en la escuela secundaria no justificaba tenerlo. Estuve a punto de irme, pero me quedé. A pesar de mi falta de currículum, de alguna manera, accidentalmente, logré ser porrista en la universidad. Ahora bien, entiendo que quizá estés desconcertado por estas historias aparentemente azarosas de mis primeros años de vida con niños rubios llamados Henry o pruebas de porristas, pero quédate conmigo. El mundo no espera a que tengas una determinada edad para otorgarte una identidad. Desde la niñez comenzamos a definirnos por los mensajes que resuenan más fuerte.

De cualquier modo, con un pequeño cerdito rojo en el rostro y un uniforme diminuto, con ineptitud y temor de mis compañeros más cercanos, llegué a la primera práctica junto con las chicas que sí merecían estar allí. Me sentía un fraude. Sumado al hecho de que a pesar de mi altura normal de 1,62 metros, por alguna razón en el mundo de porristas de la universidad yo era una de las más altas.

Sentía simplemente que era un error terrible.

Nuestra entrenadora nos llevó al segundo piso del gimnasio, al que pronto llamaríamos hogar durante tres o cuatro horas por día. El segundo piso se extendía hacia un largo pasillo blanco con unas puertas que conducían a unas oficinas. La única cosa visible al final del pasillo era una balanza médica. Hacíamos una fila y subíamos a la destartalada balanza de metal. La entrenadora sostenía un anotador y garabateaba el peso al lado de cada uno de nuestros nombres. Iba a seguir haciéndolo cada seis semanas durante los próximos años de mi vida. Si el peso aumentaba más de unos pocos gramos, los entrenadores nos iban a decir que bajáramos de peso o iríamos al banco. Eso me pasó solo una vez.

Entonces una pequeña niña que nunca se sintió lo suficientemente agradable encontró una carrera universitaria llena de balanzas y comenzó a caer en picada por cinco años hacia un desorden y una obsesión para tratar de controlar su apariencia.

Todo debido a una oscura línea familiar en la distancia que me recordaba…

Yo no valía lo suficiente.

"Las personas no piensan en ti tanto como tú crees", solía decirme mi mamá, con un sentido práctico, para tranquilizarme cuando yo estaba en séptimo grado y armaba teorías masivas de conspiración sobre la razón por la que no me habían invitado a eventos sociales cruciales como la pijamada de fin de año de Stephanie Angelo. Ella quería reconfortarme. Y curiosamente lo hacía. Nunca quise ser el objeto de los pensamientos de las personas; me parecía demasiado riesgoso que mi oxígeno fuera su aprobación.

Luego me convertí en la esposa de un pastor. ¿Y adivina qué? El lema de la escuela secundaria de mi mamá no me dio resultado. Porque las personas definitivamente pensaban en mí más de lo que yo deseaba. Si nuestros hijos asistían a una escuela pública o privada; cómo gastábamos nuestro dinero; cómo se comportaban nuestros hijos; cómo eran nuestros amigos; cómo lideraba mi esposo y qué ropa vestía. Me planteaban o me cuestionaban todos estos asuntos y muchos otros.

La mayor parte de los fines de semana, Zac estaba ocupado preparando los sermones, y cada domingo a la mañana ya se había ido antes de que yo siquiera me levantara. Generalmente Conner, mi hijo más grande, se levantaba primero y mis otros dos hijos lo seguían. Cada semana se renovaban las peleas para cepillarse el cabello, lavarse los dientes y para decidir qué debía vestir cada uno. Definitivamente, me daba por vencida ante conceptos idealistas como moños para el cabello. Mi sueño más sincero era llegar a la iglesia a tiempo, pero raramente lo lograba.

Finalmente, los niños llegaban peleando a la escuela dominical, y yo comenzaba a caminar por el pasillo hacia ese ritual de bienvenida llamado iglesia.

Nunca he sido muy buena para los saludos pero, como esposa del pastor, llegué a temer a las personas de la recepción.

Quizá te sea útil saber que presento una condición llamada trastorno de déficit de atención (TDAH). Sé que muchas personas hacen bromas sobre el TDAH pero, para aquellos que lo sufrimos, el cerebro funciona de forma diferente al de todos los demás. El TDAH hace que me sea difícil concentrarme dentro de habitaciones llenas de personas. Supongo que el cerebro de la mayoría de la gente puede ignorar las demás conversaciones a su alrededor, el llanto de un bebé, la alabanza que ya comenzó en el salón, el ruido de los pasos detrás de uno. Pero yo no puedo. Escucho todo.

El cerebro de las personas con TDAH posee dos modos: uno se denomina hiperconcentración, la capacidad de enfocarse tan completamente en una sola cosa que pareciera que no existe nada más en todo el mundo, como si estuviera en un mundo totalmente distinto. El otro modo es que el cerebro se mueve tan rápidamente de una cosa a otra que es casi imposible enfocarse en algo. Si tengo el control de una situación, por ejemplo tú y yo estamos conversando tranquilamente y tomando un café, puedo encender mi disco de hiperconcentración y nunca te darías cuenta de que tengo TDAH. Pero una reunión de bienvenida es una tortura para mi cerebro. Una simple conversación se convierte en un desafío abrumador, en especial después de controlar a tres pequeños niños durante la mañana.

Cada domingo después de dejar a los niños, caminaba por la sala de la iglesia llena de temor. Las personas no eran el problema, yo las adoraba. El problema eran las aparentes expectativas que tenían sobre mí. Quería demostrarles desesperadamente que yo era valiosa para Zac en cuanto a la forma en que cuidaba a nuestra gente. Cuando estás plantando una iglesia, todavía no hay edificios, ni programas, ni una historia que les sirvan a los visitantes para valorar si esta iglesia es la apropiada o no. Así que las personas deciden si quieren quedarse según el pastor, la visión que tiene, y su esposa.

¿Confiamos en el pastor y en su esposa? ¿Nos agradan? ¿Podemos seguirlos? Sabía que cada semana en nuestra pequeña y creciente iglesia, la mayoría de las personas se hacían estas preguntas.

Todd debe de haberme cruzado en la sala cuando yo estaba atemorizada. Seguramente me saludó y me sonrió. Yo no le respondí el saludo, porque no lo escuché.

Una semana después recibí un llamado de la esposa de Todd. "¿Estás enojada con nosotros?".

Nada más lejos de la realidad. Eran unos de nuestros mejores amigos. ¿Por qué Rachel me preguntaba esto?

Ella continuó:

"Todd dice que ha intentado hablarte varias veces los domingos a la mañana en la sala y tú siempre lo ignoras".

Créeme, la personalidad pasivo-agresiva no es mi estilo. En todo caso, probablemente sea *demasiado* directa cuando algo me aburre. Por supuesto que no estaba enojada ni ignoraba a Todd, pero ¿cómo podía explicarle toda la presión que sentía los domingos para estar a la altura de las circunstancias y poder actuar? ¿Cómo podía describirle lo que se sentía entrar a la iglesia con tres pequeños apenas vestidos, una iglesia llena de personas que decidían si éramos adecuadas para ellas? ¿Cómo le decía que tenía TDAH y que ni siquiera había escuchado a Todd en la fila unas semanas atrás?

Así que no le dije nada. Tan solo le pedí disculpas y le aseguré que estábamos muy bien.

Pero desde ese momento cuando entraba a la sala de recepción de la iglesia, le agregué a mi creciente lista colmada de presiones de cosas por hacer: sonreír y saludar a todas las personas que me cruzara.

Yo no valía lo suficiente.

Desde el colegio de mis hijos me enviaron un correo electrónico para pedirme que fuera a una reunión. Frente a mí estaban sentados tres administradores con sus notas ya listas, y yo allí, indefensa y completamente mal preparada.

—A su hijo no le está yendo bien, y nos preguntamos si desde casa le están ayudando.

—Sabemos que usted trabaja y viaja mucho.

—Sabemos que están muy ocupados.

Si bien se expresaban amablemente, esas palabras manifestaban mis peores temores:

No valgo lo suficiente.

No estoy haciendo lo suficiente.

No estoy a la altura de las circunstancias como madre.

Mi hijo no está a la altura de las circunstancias, y es mi culpa.

Sufría por dar mis propias explicaciones: *No podría amar a este niño más de lo que lo amo. Siempre lo ayudo con la tarea de la escuela. Ah, cómo oro por él. Dejé de lado mucho trabajo tratando de que tuviera la ayuda necesaria.*

No dije nada.

En cambio, contuve las lágrimas y me guardé las contestaciones inadecuadas. Escuché. Hice preguntas. Luego, salí y rompí en llanto en el asiento del conductor. No podía respirar. Manejé hasta casa y pasé corriendo al lado de Zac, que me miró para preguntarme quién iba a llevar a Kate, nuestra hija de catorce años, a la práctica de atletismo. No pude responderle. Tan solo buscaba un lugar donde esconderme.

Mi tiré en el piso del guardarropa, agarré una camiseta sucia del suelo y escondí la cara allí. Lloré lo más fuerte que podría llorar una persona. Cuando finalmente respiré hondo, me sequé las lágrimas y abrí los ojos, mi primer pensamiento fue: *¡Ay Dios, el guardarropa es un desastre!*

Se me cortó la respiración de nuevo y las lágrimas sobre la camiseta regresaron. Estaba dejando que el desorden de un guardarropa me empujara al borde del precipicio. **Yo no valía lo suficiente.**

Durante muchos años esa voz había estado en mi cabeza: *Yo no valgo lo suficiente.*

¿Es posible acaso que tú escuches esa misma voz?

Quizá nunca hayas luchado contra un desorden alimenticio o con las presiones de ser la esposa de un pastor, pero estoy convencida de que casi todos sentimos esa increíble presión de demostrar que de alguna manera estamos a la altura de las circunstancias. Cada mañana enfrentamos una lista de tareas que quedaron sin hacer la noche anterior: las expectativas de nuestra familia y compañeros de trabajo; la carga de ser seres humanos espléndidos, fuertes y ejemplarmente amables al punto de estar convencidas de que eso es lo que el mundo, la iglesia y Dios exigen. Sentimos que de alguna manera, ante la mirada de todos, hay una balanza siniestra y un anotador que registra nuestros resultados. Todas peleamos contra los sentimientos de ineptitud.

Damos vueltas desesperadamente temiendo no estar a la altura de las circunstancias. Manoteamos estrategias de autoestima que dan la sensación de que jugamos a disfrazarnos como cuando teníamos siete años. Creemos que somos personas maduras, agradables y realizadas. Pero, en lo más profundo de nuestro ser, sabemos que fingimos. No somos suficientes. Así que nos pasamos la vida tratando de cambiar esa realidad.

Dios tiene un guión diferente, en el que nuestra alma vive una historia épica y feliz que se despliega a través de nuestra vida; pero no por nuestra causa.

A pesar de nosotras.

El libro de Romanos es bastante claro acerca de nuestra realidad: "pues todos han pecado y están privados de la gloria de Dios".[1]

Pero, ¿qué si retrocedemos? ¿Qué sucedería si hay una historia en la que aquellos que no son suficientes, que reconocen que no están a la altura de las circunstancias, son justamente elegidos por el Dios del universo para poner manos a la obra y manifestarse a través de ellos?

¿Qué ocurriría si te digo que hoy lograrías dejar de esforzarte tanto y simplemente descansar?

¿Qué pasaría si hoy pudieras comenzar a disfrutar de ti misma y de tu vida sin actuar ni hacer tanto esfuerzo ni un minuto más?

¿Qué sucedería si te dijera que no estás a la altura de las circunstancias, y que eso está bien? De hecho, es necesario.

No salí a buscar una gran visión para mi vida. La noche de mi cumpleaños número treinta me desperté y no pude dormir. No podía quitarme de la cabeza una frase que me daba vueltas y vueltas: *discipula una generación*. Era un pensamiento tonto. Yo era madre de niños pequeños y la esposa del pastor de una pequeña iglesia. No tenía ninguna base ni influencia. Ni siquiera tenía una cuenta de Twitter. ¿Qué se supone que debía hacer?

Recuerdo que durante dos días sentí como si me dolieran los huesos, sentía una carga muy grande por lo que Dios quería que yo hiciera con semejante tarea ridículamente vaga y enorme. Se lo mencioné a unas pocas amigas íntimas, que me dijeron con sabiduría: "Si el que te habla es Dios, Jennie, Él va a hacer que suceda".

Estuve de acuerdo en que yo no iba a dar ningún paso, así que dejé esa carga de lado y seguí adelante con mi vida demasiado cargada ya.

Luego, unos años después, mi esposo y yo comenzamos a hacer una simple oración: "Cualquier cosa, Dios". Conmovidos por la vida de Katie Davis –quien vivía en Uganda y había adoptado a varias niñas de la calle, y había entregado su vida de una forma contagiosa– rendimos cada parte de nuestras vidas a Jesús de una manera absolutamente fantástica y como nunca antes lo habíamos hecho. "Cualquier cosa, Dios", oramos, y Dios dio inicio a una clase de sucesos acerca de los cuales mis amigos habían dicho que teníamos que esperar. Dios empezó a abrir puertas que yo ni siquiera golpeaba.

Había dado enseñanzas sobre la Biblia en mi casa durante años. Pero sabía que no había dejado que eso creciera al mantener un grupo pequeño, invitando siempre solo a una pocas amigas. Pero, ¡por Dios!, me gusta mucho enseñar la Biblia. Siempre lo hice. El día que regresé a mi casa del campamento de verano después de entregarle mi vida a Cristo, casi instintivamente reuní un grupo de mujeres jóvenes y comencé a enseñarles el libro de Apocalipsis. Muy gracioso. Ahora sé que probablemente no haya sido la mejor elección. Pero, para mí, enseñar la Biblia fue y sigue siendo como respirar.

Sin embargo, enfrentar las presiones de ser la esposa del pastor parecía bastante ya, y elegir más liderazgo sonaba aterrador porque el liderazgo siempre convive estrechamente con la crítica. Yo era muy susceptible, pero sabía que quería agradar a Dios y dejar de vivir de acuerdo con la opinión de los demás. Así que en el otoño del 2009 por primera vez corrí el riesgo de abrir las puertas del estudio sobre la Biblia a cualquier mujer que quisiera asistir a mis clases de *Stuck* [Atrapada], un estudio que había escrito para algunas de las mujeres que ya venían. Seguían llegando más y más; asistían ciento cincuenta personas de diferentes contextos y edades. La gente entregaba su vida a Cristo por primera vez. Las mujeres eran libres de las ataduras con las que habían peleado por décadas, y comenzaban a estar decididas y a soñar con servir a Dios. La obediencia parecía ser contagiosa. Dios se estaba moviendo en nuestro pequeño rincón del mundo de una forma que no había visto desde la universidad.

Apenas un año después, sin mucho esfuerzo de mi parte, me dieron la oportunidad de publicar mis estudios y exponer en algunos de los escenarios más grandes del cristianismo. La joven que se aterrorizaba de las opiniones de ciento cincuenta personas ahora tenía que enfrentar a cien mil. Estos nunca fueron los objetivos ni los sueños que había tenido.

Dios me empujaba fuera de la comodidad que yo deseaba. No quería enfrentar opiniones ni apreciaciones. No quería arriesgarme a parecer arrogante, no quería que Zac se sintiera incómodo, no quería echar de menos los ritmos familiares conocidos y disfrutar con los niños.

Sin embargo, las palabras *discipula una generación* continuaban haciéndome eco. No podía quitarme de encima la sensación de que Dios me daba estas oportunidades para desarrollarme para propósitos más allá de mi entendimiento, y ciertamente más allá de mis temores.

Comencé teniendo charlas pequeñas y aparentemente insignificantes en las que compartía algunos de los sueños y deseos que me conmovían. La pregunta que no podía dilucidar era la siguiente: *Si* Dios es real, entonces, ¿cómo vamos a vivir como Él? Y miles de mujeres alrededor del mundo respondieron, atraídas por la belleza de lo que significaría soñar juntas sobre la manera de desatar nuestra fe. Así nació nuestra comunidad *IF:Gathering* [SI:Reunión].

Nuestra primera reunión tuvo lugar con entradas agotadas de inmediato, y entonces las mujeres alrededor del mundo se levantaron y se organizaron para liderar reuniones en sus propias casas, iglesias y ciudades. En muy poco tiempo, un ejército de mujeres se unía en el nombre de Jesús para usar sus dones y dedicar sus vidas para discipular al mundo. Trabajábamos mucho y dábamos lo mejor de nosotras para buscar a Dios con excelencia, pero con frecuencia parecía que las decisiones que tomábamos eran más equivocadas que certeras. Sin embargo, a pesar del caos de nuestra falta de experiencia y nuestros tropiezos, la visión tenía impacto. La comunidad de IF:Gathering comenzaba a tener vida propia, y yo estaba mayormente aterrorizada. Sentía un profundo temor de no estar preparada para liderar esto.

El mundo veía la poderosa y preciosa obra de Dios que unía a las mujeres para obedecer y seguir a Jesús; pero detrás del telón, IF:Gathering también nos estaba costando mucho de lo que yo más temía: conflictos de relación, rechazo personal y desilusión, y se necesitaba una cantidad de tiempo y energía abrumadoras para liderar esta visión que crecía cada vez más.

Lo que más quería era agradar a Dios. Sin embargo, la intensidad del creciente ejército me empujaba a más y más lugares para los que no me sentía preparada, no estaba segura por cuánto tiempo más iba a poder seguir fingiendo para mantener todo funcionando. Temía desesperadamente que las palabras que me rebotaban en la cabeza fueran verdad:

No soy una líder. No estoy hecha para esto. YO-NO-PUE-DO-HA-CER-ES-TO. ¡Dios, elegiste a la persona equivocada!

No valía lo suficiente.

Y cuanto más crecía IF:Gathering, más temor sentía de que una gran cantidad de personas lo descubriera.

Nueve años después de la noche de insomnio que me dio la poderosa convicción de *discipular una generación*, IF:Gathering ya no era tan solo un sueño. Me encontré detrás de una cortina espiando a las mujeres que habían venido hambrientas y expectantes, esperando más de parte de Dios. Era la tercera vez que nos reuníamos, y ahora más de un millón de mujeres en más de cien países nos estaban mirando y esperando que comenzara la transmisión.

Seis pasos eran lo único que me separaba del escenario.

No era de mucha ayuda pensar que este era uno de los escenarios más grandes de la historia de la música. Las paredes de los salones de Austin City Limits en el teatro Moody estaban cubiertas de icónicas imágenes de algunos de los más grandes artistas de todos los tiempos, todos ellos habían dominado alguna vez este mismo escenario. William Nelson. Mumford & Sons. Diana Ross. Me atormentaban. Me ponían en ridículo. Este es *el* escenario de la música de Texas. Es el lugar donde tocan los más grandes.

Todos deben de haber dado estos pasos con una confianza equivalente a sus brillantes dones y talentos.

Seguí mirando fijamente los pasos que tenía que dar y a preguntarme qué sucedería allí arriba, cuando miré más allá de las pesadas cortinas negras hacia los ojos expectantes. El mundo me decía: "Eres exitosa. Ya lo has hecho. Finalmente eres suficiente". Sin embargo, voy a contarte un secreto. Mientras estaba parada en lo que deben haber sido varios metros más allá de la delgada línea negra de mis expectativas, aún se vislumbraba fuera de mi alcance, burlándose de mí. *Suficiente* es un espejismo que no puede ser alcanzado. Tú y yo podemos seguir persiguiéndolo o podemos dejar de jugar a este juego infantil que el enemigo nos enseñó de niñas.

En ese momento podría haber reconocido lo que el mundo me decía. Habría sido lindo aceptar tan solo por un momento que había llegado, que soy una líder segura con una visión muy clara. Pero al estar parada allí, sabía que no era…

suficientemente valiente…

suficientemente inteligente…

suficientemente talentosa…

suficientemente segura…

suficientemente fuerte…

para liderar este movimiento.

Sabía que yo no era suficiente.

Seis pasos. Di uno tras otro y ese día, en lugar de fingir que era suficiente, me paré sobre ese histórico escenario y revelé mi íntima confesión frente a más de un millón de personas.

Yo no soy suficiente. Y estoy cansada de tratar de parecerlo.

Fue uno de los momentos más serenos y liberadores de mi vida.

Si bien Dios tal vez no te esté pidiendo que anuncies tu ineptitud desde arriba de un escenario, voy a suponer que hay algo en tu vida que te exige más de lo que puedes dar.

Quizá tienes un matrimonio difícil y cada día es una lucha. Tal vez estás enterrada en deudas y cuentas sin pagar. A lo mejor tus hijos tienen necesidades especiales que requieren que te enredes con papeleo, psicólogos, psiquiatras y terapias. Tal vez tus padres se están fundiendo lentamente en la demencia. Posiblemente te sientes paralizada con ansiedad o aislada por la depresión.

Lo que sea que esté haciendo tambalear tu mundo, ¿cómo vas a avanzar? ¿Luchando, fingiendo, aguantando con desesperación o libre? Mi sueño es que abraces tus peores temores mirándolos de frente y descubras que nuestro Dios es suficiente para ellos. Oro para que comiences a disfrutar de la libertad que viene cuando dejamos de intentar demostrar, cuando rendimos lo que está fuera de control al Único que tiene el control.

Luchamos para ser vistos, para ser conocidos, para importar. Creemos desesperadamente que estamos haciendo un buen trabajo sea lo que fuere que nos han encargado.

Pero no somos suficientes. No somos Dios. No tenemos todas las respuestas, ni toda la sabiduría, ni toda la fuerza, ni toda la energía. Somos seres finitos y pecadores. Y eso está bien.

De hecho, esa es la confesión que desata la libertad que precisamente ansiamos.

2

De cuadros con estrellas y mochilas

Nuestro hijo Cooper tenía casi cuatro años el día que lo conocimos por primera vez. Pienso que yo imaginaba que estaba volando a África para traer a casa un bebote, solo para llegar y darme cuenta de que este niño era un varoncito hecho y derecho que había aprendido a llevar la batuta en el orfanato. No habíamos tenido ninguna información sobre los mil cuatrocientos días de su vida hasta ahora, y entonces ¡pum!, de repente era nuestro hijo.

Cuando trajimos a Coop a nuestra pequeña y agradable hostería hecha de hormigón en Ruanda, las palabras brotaban de él sin ninguna aparente preocupación de que nadie de su nueva familia en la habitación tenía la más mínima idea de lo que estaba diciendo. Esa primera noche cociné popeyes para la cena en un pequeño sartén. Crecí en Arkansas comiendo popeyes: huevos cocidos a término medio, con la yema que sale del agujerito hecho en una tostada. Cocinarlos esa noche en Ruanda para nuestro nuevo integrante no pareció ser algo habitual sino nostálgico.

La típica avena fina que él comía en el orfanato no necesita usar ningún utensilio, pero los popeyes sí, y bastantes. Cuando me acerqué a él para mostrarle cómo usar el tenedor, lo arrojó. Zac rápidamente lo corrigió con palabras que Coop todavía no podía comprender pero en un tono con el que aparentemente entendió. Ese niño se levantó y comenzó a mover un dedo de un lado al otro y a predicar como si estuviese en una iglesia de Alabama. Era obvio que nuestro nuevo hijo era sociable y de fuerte carácter, y estaba muy familiarizado con el antiguo y buen regaño sureño. Si esta era una confrontación de voluntades, estaba muy segura de quién iba a ganar. En vista de nuestra certeza de no darle nalgadas a nuestro hijo que estaba tratando de hacerse a la idea de tener padres, necesitábamos una forma de motivarlo para que cooperara.

Muy pronto regresamos a casa en los Estados Unidos, donde entró en un mundo que no habría imaginado durante sus años en un orfanato africano. Zapatos de tacos altos, refrescos en Sonic, la repetición de la serie *Pingu* en Netflix, piscinas con balsas inflables que parecían tiburones. Pero él tenía una única obsesión: mis tres hijos mayores tenían bicicletas, y Cooper quería una. Así que encontré en internet e imprimí una foto de la bicicleta más excepcional que un niño de cuatro años haya visto jamás, y armé hileras de cuadros con una flecha apuntando a la bicicleta. Cada vez que Cooper hacía algo notable –usar el inodoro, utilizar un tenedor, quedarse en la cama, compartir los juguetes– se ganaba una etiqueta con forma de pequeña estrella metalizada apuntando hacia esa bicicleta.

Y seré honesta: funcionó.

De hecho, el cuadro con estrellas todavía funciona. Él no es bueno con las matemáticas si no hay un sable luminoso al final de las diez etiquetas de las Tortugas Ninja. Entonces, puede resolver una división larga en segundo grado. Si bien esto aflora lo mejor del comportamiento y el desempeño de Coop, también de alguna manera saca a luz lo peor.

Mi Coop lucha contra la vergüenza. En algún momento, en ese orfanato de Ruanda, él decidió que era un niño malo. Así que los días que gana una estrella, aparece una brillante sonrisa torcida, como si esa estrella demostrara que él estaba equivocado sobre sí mismo y quizá fuera un buen chico. Pero si no obtiene la estrella, baja la cabeza, como si los regaños moviendo el dedo de un lado al otro que recibía en el orfanato fueran verdad. Sí, Coop quiere muchas etiquetas para su sable luminoso, pero este dolor es mayor. Algo en él se esfuerza para demostrar que no es suficiente.

Como mamá, no quiero que mi hijo se sienta definido por estrellas o recuadros vacíos, sin embargo vivimos en un mundo que genera estrellas doradas y, con mayor frecuencia, la vergüenza del regaño moviendo el dedo de un lado al otro.

Todas tenemos nuestra propia versión del cuadro de estrellas: personas de las que estamos tratando de obtener aprobación, nuestros padres, amigos, cónyuges, hijos, conocidos por las redes sociales, compañeros de trabajo o incluso Dios. La mayoría de nosotras acarreamos ese sentimiento de esfuerzo toda la vida.

Las expectativas poco realistas que nos imponemos se ponen en marcha casi desde el momento mismo que llegamos al mundo. De pequeñas aprendemos que cuanto más trabajemos y mejor nos desempeñemos, más premios y aplausos vamos a obtener. En la escuela, cuanto más nos esforcemos, mayor aprobación vamos a recibir. Nuestros padres se encuentran fuera del terreno de juego de nuestra vida ovacionándonos: "¡Obtuviste una A!", o frunciendo el ceño: "¿Una C? ¿Qué te sucedió?". En el trabajo, usualmente promueven a aquellos que tienen el mejor desempeño.

Nada que demostrar

Aprendemos a querer ganar en todo. No está bien; no está mal. Es tan solo la manera en que funciona el mundo. El beneficio de estos "cuadros" es que aprendemos el principio de la siembra y la cosecha: que cuando estudiamos, obtenemos buenas notas; cuando somos buenos amigos, las personas nos responden de una buena manera; cuando somos generosos y perdonamos a nuestros hermanos, probablemente serán más generosos y nos perdonarán. Es bueno aprender estas lecciones de causa y efecto de la vida. Pero la forma en que interactuamos con nuestros padres, maestros y jefes finalmente abre el camino en nuestra vida espiritual. Intentamos con mucha frecuencia relacionarnos con Dios a través de cuadros de estrellas, y terminamos sintiendo vergüenza o decepcionándonos porque nuestro desempeño no dio el resultado que queríamos. Tratamos constantemente de trabajar más duro, alcanzar más, de saltar más lejos, de obtener una nota más alta para ganar la aprobación de Dios y su bendición. Terminamos relacionándonos con Él bajo un temor oculto en lugar de tener una fe expectante, llena de gozo, como la de un niño.

Dios no se maneja con cuadros de estrellas. Él no se deja manipular por nuestra actuación. Mi amiga Sally, que está luchando contra un cáncer de pecho, de ninguna manera desilusionó a Dios, y le apareció cáncer.

Lamentablemente, debido a que la vida es difícil y a que muchas de nosotras no sentimos que tenemos la aprobación de Dios ni de nadie, vivimos con el temor de que cuando Dios mire nuestro camino, se desilusione.

VIAJAR CON PESO

Desearía que mi propio viaje de esfuerzo en búsqueda de la libertad fuera tan simple como dar seis pasos y hacer una confesión pública, pero la libertad para confesarme en ese escenario en aquel momento fue cimentada sobre miles de momentos con Dios, tiempos en los que Él me invitaba a dejar de esforzarme.

Por ejemplo, la adopción vino con pilas de planillas por completar y libros. Las planillas que necesitas que aprueben; los libros que a menudo atemorizan a cualquiera que sienta poco entusiasmo en cuanto a esta manera de tener una familia. Allí te cuentan sobre los potenciales desafíos que podría experimentar el niño que ha tenido un trauma; quizá esté furioso, tal vez tenga dificultades para dormir o problemas con la comida. Y enfatizan cuán importante es que, como nuevo padre adoptivo, enfrentes todo eso de la forma correcta.

Habíamos estado en casa durante algunos meses y las habilidades del idioma inglés de Coop estaban apareciendo. Pero me di cuenta de que sentía como si estuviese llevando una mochila muy pesada. Una nueva presión crecía en mi interior. Las necesidades de Cooper no se parecían a las que yo estaba acostumbrada con mis otros hijos, así que criarlo de la manera en que estaba acostumbrada en realidad lo dañaba, lo alejaba.

Cierto día grité. Sí. Ese grito como cuando se pierde la razón ante tu amado y confundido pequeñito que trata de hacer lo mejor para adaptarse a un mundo nuevo. Nada bueno para el apego y el vínculo.

Recuerdo el avance de la película *Alma salvaje*, y ver el personaje de Reese Witherspoon que llevaba una mochila más grande que ella. Así era exactamente como sentía mi vida en ese momento.

Deseaba profundamente ser suficiente para mi hijo; quería y necesitaba que él se sintiera amado. Sumado a esa carga estaba también la lucha familiar contra el temor de las personas y el hecho de que yo había estado en África. Ver ese continente – tanto su belleza como la necesidad– me destrozó para siempre.

No podía dejar de lado las imágenes de los niños de la edad de Cooper corriendo a mi alrededor, sin sus padres a la vista, con el abdomen hinchado, que pedían *bonbons*, queriendo decir "golosinas".

Me estaba ahogando con toda la necesidad que tenía a mi alrededor y, sin embargo, estaba obsesionada por las necesidades que había alrededor del mundo.

Me encontré atrapada por el temor de Dios. Temor a defraudarlo, temor a no estar haciendo lo suficiente por aquellos a quienes Él ama. Al final de mi vida y al final del día, tan solo quería ser suficiente para Él.

Comencé a pensar: "Dios, esto es tan real y hay tanta necesidad en el mundo, todo parece ser muy importante y quizá podamos estropear o perder tus planes". Una urgencia empezó a consumir mi vida y a agregar peso a mi profundamente arraigado sentimiento de "insuficiencia". Algunos amigos que también habían adoptado daban su propia opinión sobre los métodos de crianza. Otras personas que amábamos se preguntaban si estábamos locos por alterar nuestra vida de esta forma y mostraban su preocupación en voz alta con respecto a si las necesidades del nuevo integrante tal vez nos distraerían de darles a nuestros otros hijos todo lo que necesitaban. Esas palabras alimentaban un creciente relato en mi cabeza: *podría arruinarlo todo. Todo esto depende de mí.*

Mi mochila era muy pesada; en lo único que podía pensar era cuándo me la podía quitar. Pero debido a que esa mochila contenía algunas cosas buenas, que venían de Dios, ni siquiera sabía si era correcto quitármela. Me había colgado de los hombros la misión de Dios en este mundo.

Quería que Él estuviese orgulloso de mí.

¿Alguna vez te sentiste de esta manera? ¿Sabes acaso que este ni siquiera es un pensamiento que Dios tiene en mente? No es así como obra el Padre celestial. Algunas veces los padres terrenales esperan que obtengamos su aprobación, pero Dios no opera de esa manera.

En Jeremías, Él dice: "Así dice el Señor: Que no se gloríe el sabio de su sabiduría, ni el poderoso de su poder, ni el rico de su riqueza. Si alguien ha de gloriarse, que se gloríe de conocerme y de comprender que yo soy el Señor, que actúo en la tierra con amor, con derecho y justicia, pues es lo que a mí me agrada – afirma el Señor–".[1]

Dios no se fija en grandes desempeños o grandes movimientos. ¡Él se fija en nosotras!

Dios ya sabe que no somos suficientes, no nos pide que lo seamos. Nosotras hemos elegido caminar por el desierto con una enorme mochila sujeta a la espalda llena de todo, *menos* de agua. Como si el reino de Dios estuviese sostenido por nosotras.

Por eso te propongo este gran experimento. ¿Qué te parece si juntas nombramos la basura que estamos llevando encima y determinamos qué hacer con ella? ¿Qué te parece si nombramos nuestras limitaciones, temores, imperfecciones, esfuerzos, pecados, en lugar de tratar de escapar de todo eso? Tómate un tiempo con esto. Realmente detente y reflexiona, y hazte estas preguntas. Quizá sea de ayuda sentarte con una amiga y examinar todo esto juntas.

¿Qué es lo más pesado para ti hoy?

¿Qué es lo complicado?

¿Qué es lo difícil?

¿Qué es aquello en lo que más piensas?

¿Por qué estás triste?

¿Qué es lo que te tiene preocupada?

¿A qué le temes?

¿Puedes identificar algunas de las cargas que estás llevando?

Voy a darte toda clase de sugerencias cariñosas debido a que, si te pareces un poco a mí, raramente te detienes lo necesario para siquiera saber cómo estás, mucho menos para identificar lo que está mal.

Nombra lo que hay en tu mochila.

Tal vez se encuentra en una de las siguientes categorías.

Temor

No sé qué tengo para ofrecer.

No sé qué debería hacer.

Me siento indefensa.

Soy demasiado grande de edad.

Soy demasiado joven.

Voy a perderme cosas importantes.

Voy a fracasar.

Voy a parecer una tonta.

La gente se va a enojar.

No voy a caer bien.

No soy lo suficientemente fuerte.

Mi mayor temor es_____.

Dificultades

Mi vida parece estar fuera de control.

Mi hijo o hija se rebela.

No puedo hacerlo.

No quiero ser una carga.

Estoy divorciada.

Estoy enferma.

Las personas que amo están enfermas.

No quiero parecer débil.

La circunstancia más difícil es _____.

Presiones

No puedo estar a la altura de las circunstancias.

Soy demasiado débil.

Me siento inútil.

Siento como si dependiera de mí.

Si no lo hago yo, no lo hará nadie.

No sé cómo lograr que se haga todo.

Estoy demasiado ocupada.

Hay mucho por hacer, así que ¿por qué intentarlo?

No me siento amada.

Siento como si las personas me amaran por lo que hago y no por lo que soy.

No tengo suficiente fe.

¿Qué sucede si no lo logro?

Mi mayor presión es _____.

Vergüenza

Eché todo a perder.

No soy digna.

Espero que nadie descubra jamás la verdad.

No puedo creer que haya permitido que suceda eso.

Si la gente supiera lo que hice, me rechazaría.

No estoy calificada.

Tengo que disimular.

No puedo liderar ni avanzar.

Soy un fraude.

El error más grande que me atormenta es _____.

Comenzamos nombrando el problema porque confiamos en que Dios es suficiente para cualquier cosa que estemos por decir. Él no se sorprende por nuestros fracasos, ni nuestras desilusiones ni nuestra mochila. En realidad son recordatorios de nuestra necesidad de Dios. Él va a utilizar cualquier medio posible tan solo para tomarte y estar contigo.

Nombra aquello en lo que no eres suficiente, aquello en lo que no te sientes adecuada, y la basura que estás arrastrando. En este preciso momento, nómbralo, confiésalo. Llama a una buena amiga para hablar al respecto. Tienes que reconocer que llevas una mochila antes de poder encontrar la libertad para quitártela.

Comencé a tener la victoria sobre mi adicción a la aprobación de las personas cuando finalmente empecé a llamar a esa situación *pecado*. Cuando me di cuenta de que había estado adorando a la gente en lugar de adorar a Dios; eso me quebró. Al verlo como era, idolatría, perdí el apetito por eso.

Quizá tú también estés llevando una carga que es un completo pecado. Y el pecado requiere arrepentimiento, no tan solo una confesión. El arrepentimiento es apartarse. Escapar del pecado. Incluso si la carga está oculta en tu estructura de pensamiento, las Escrituras nos dicen que "llevamos cautivo todo pensamiento para que se someta a Cristo".[2] Peleamos contra el pecado. Y recibimos la gracia y creemos que ella es suficiente para arrancarlo.

Pero tal vez, tu carga implica alguna clase de sufrimiento que está fuera de tu control. Permíteme comenzar diciéndote que lo siento. Quizá estés enfrentando alguna enfermedad o tu cónyuge te engaña o algo peor. Se siente como si no pudieses sacártelo de encima ni dejarlo a un lado. Es solo contigo y podría no haber ninguna señal de ello para resolverlo aquí en esta tierra.

He atravesado sufrimientos inimaginables con mi mejor amiga y mi hermana durante los últimos tres años. *¡Odio sufrir!* Pero he visto que Dios fue bueno en medio de todo eso. Jesús es mejor que las historias que terminan perfectamente. Él ha sido suficiente para la gente más cercana a mí, tanto que puedo decir confiadamente que Él es suficiente para ti también.

El enemigo a menudo nos lleva tan lejos en el desierto que nos preguntamos si alguna vez vamos a volver a conocer el gozo. Pero Dios promete: "Junto a tranquilas aguas me conduce; me infunde nuevas fuerzas".[3]

¿Y AHORA QUÉ?

Antes de que vayas y te sientas culpable por lo que sea que contenga tu mochila, tan solo detente. Ya es bastante malo que llevemos estas mochilas a cuestas como para agregarle nuestra culpa.

Dios nos perdona del pecado de forma inmediata, de una vez y para siempre. Él no guarda rencor ni lleva la cuenta de nuestros errores. El Salmo 103:12 dice que el amor de Dios es tan grande y vasto que "Tan lejos de nosotros echó nuestras transgresiones como lejos del oriente está el occidente".[4] Este es un concepto muy difícil para que abracemos porque somos rencorosas. Etiquetamos y definimos a las personas según su pecado. Si alguien hace trampa, entonces es un tramposo. Si alguien miente, entonces es un mentiroso.

Pero con Dios, cuando se confiesa un pecado, ese pecado es perdonado de una vez y para siempre. No existen las etiquetas; no hay ningún recordatorio de nuestros errores pasados. No tenemos que compensar nada porque nada en nosotras gana la gracia de Dios. Es gratis. CADA VEZ, SIN EXCEPCIÓN. Cualquier pensamiento que nos indique que arrastremos la mochila de vergüenza y culpa es un intento directo del enemigo para plantar la sospecha de que no estamos realmente perdonadas.

Tal vez sientas que todavía tienes los ojos completamente puestos en el temor y la vergüenza, pero Dios tiene una forma disimulada no solo de perdonar nuestros pecados pasados, sino también redimir las opciones que pensamos que nos habían arruinado todo. ¡Guau!, Él me gusta.

Una noche, hace poco, en Austin, en el cierre de nuestro estudio bíblico, una mujer que llamaré Joanna, se me acercó. Caminó hacia mí con los ojos puestos por completo en su problema. Tenía su oscuro cabello despeinado corrido desordenadamente hacia atrás de la cara. Vestía una remera vieja y desteñida que era dos talles más grandes. Algo en ella —en realidad, casi todo en ella— parecía derrotado.

En un esfuerzo por llegar a sus ojos y a cualquier cosa pesada que esta mujer estaba arrastrando, me agaché sobre las escaleras al frente de la iglesia. Ella me siguió y se sentó, pero continuó mirando el suelo. Dijo: "Quería que supieras que le acabo de decir a mi pequeño grupo algo que nunca le conté a nadie en toda mi vida, que me sucedió cuando tenía catorce años".

El corazón enseguida se me partió en dos. Una mitad, porque supongo que Joanna tiene unos cuarenta y tantos años. Eso significa que sea lo que fuere, que acababa de manifestarse, lo estuvo acarreando por casi tres décadas de su vida. La otra mitad se inundó de la esperanza de que este pudiera ser el momento en que su vida cambiara. Podría ser el comienzo de la libertad.

Los ojos se me habían llenado de lágrimas y me dolían mientras ella me contaba lo terrible que se sentía al pensar que personas casi extrañas ahora conocían su secreto más guardado, un secreto que ni siquiera su esposo conocía. No podía imaginar qué era lo que estaba delante de ella. Así que lo que me pareció correcto fue tomar sus manos y hablar con Dios. Después del amén, la animé a buscar consejería y considerar contarle a su esposo sobre esta pesada carga que había estado llevando. Todavía no sé qué compartió Joanna esa noche. Quizá fue un abuso, tal vez un aborto... No lo sé y no necesitaba saberlo. Pero alguien sí.

Tres semanas después, Joanna se me apareció y me miró directo a los ojos. Me contó acerca de la consejería; me contó sobre su esposo, sobre su gracia y cómo lloró cuando ella le compartió su carga. Me dijo: "Jennie, mi esposo y yo nunca hemos estado más unidos. Nunca he sido tan libre".

Toda su apariencia física había cambiado en tres semanas. Todo en ella se veía libre.

Pero tuvo que nombrar lo que estaba acarreando antes de poder liberarse de eso. Y tú y yo tenemos que hacer lo mismo si queremos abandonar nuestras mochilas.

Quiero ser clara: esto requerirá coraje. Porque **para llegar al lugar en que Dios puede ser suficiente, primero debemos reconocer que nosotras no lo somos**. Fingiendo que estamos bien, es como muchas hacemos que la vida funcione. Sin esa ilusión, tendríamos que vivir necesitando a Dios.

Y quizá sea difícil.

Tacha eso. Es difícil.

No más actuaciones. No más fingimiento. No más demostraciones de que estamos a la altura de las circunstancias.

Suena bien; hasta que tenemos que decir en voz alta las cosas que apenas queremos que se nos vengan a la mente.

Luchamos en la oscuridad con nuestra mochila llena de peso que nunca nombramos. Y lo hacemos a solas. Y lo hacemos estando separados en lugar de mirarnos a los ojos los unos a los otros y decir: "Estoy muriendo aquí". Si pudiésemos apenas pronunciar esas palabras, alguien podría hablarnos la verdad de la gracia. Nos recordaría a Dios y su amor por nuestras vidas, y oraría ¡y lucharía! por nosotras.

En cambio, dejamos que el enemigo nos derribe.

Así que oro para que tú y yo creamos en Dios y en nosotras mismas sin equivocarnos. Entonces, ¿puedes imaginar lo que sucederá?

Puedo decirte lo que va a pasar: comenzarás a ser libre, empezarás a amar a Dios otra vez y volverás a amar tu vida, sin importar lo que traiga aparejada. No es fácil, pero de seguro es mucho menos difícil. ¿Quizá la razón por la que no seas libre es porque haces tanto esfuerzo?

¿Y qué si destrozamos nuestros cuadros de estrellas y los arrojamos lejos?

¿Y qué si dejamos de actuar?

¿Y qué si aprendiéramos a soltar lo que no podemos controlar?

¿Y qué si dejáramos de hacer cosas para Dios y comenzáramos a hacerlas con Dios?

Cuando hagamos ese cambio, seremos diferentes. Porque cuando estamos con Él lo vemos por quién es, y Él nos cambia.

Este es un viaje hacia una fe mayor. Cree en Dios, en quien dice que Él es y en quien dice que somos. Es un camino para disfrutar de nuestro abundante Dios en lugar de trabajar tan duro para Él.

Cuando Dios liberó a los israelitas de la esclavitud de Egipto, los llevó por un viaje hacia el desierto y finalmente a través del desierto. Pero donde fuera que se encontrara su pueblo, sea en Egipto, el desierto o la Tierra Prometida, el objetivo de Dios siempre fue el mismo:

Los estaba liberando para que lo conocieran.

Los estaba liberando para que lo alabaran.

Los estaba liberando para que lo amaran.

Los estaba liberando para que estuviesen con Él.

Así como quiere liberarte a ti y liberarme a mí de nuestro esfuerzo, de nuestras cargas, del dolor de la insuficiencia.

¿Conoces este dolor?

Yo lo llevé a cuestas como un vacío enorme en el corazón desde mi niñez. Una sed que llevaba a toda mis relaciones, a todos mis trabajos, a todos mis pensamientos. Una sed por estar a la altura de las circunstancias. Cuando lo hice, bebí de ello y no pude obtener lo necesario. Resulta gracioso el hecho de que beber de las cosas equivocadas solo te da más sed.

Llevé la sed a mi matrimonio. Cuando con Zac teníamos las peleas normales que tienen las personas casadas, yo me desmoronaba, y experimentaba una reacción extrema, todo debido a una relación que no podía satisfacerme. Mi frustrada determinación de colmar las expectativas de mis padres, de mis maestros, de mis entrenadores, de las personas, de Zac, finalmente me llevaron a pensar equivocadamente que no estaba a la altura de las expectativas de Dios. Así que comencé a esquivar el único lugar en el que podía saciar mi sed.

Quizá para ti sea diferente, pero veo la desesperación en tantos ojos. No podemos pasarnos toda la vida con cargas que no compartiremos; nos derriban.

Jesús no vino solamente para que conocieras la gracia o para que conocieras a Dios. Él vino para que bebieras de la gracia y seas llena de Dios. Vaciarte de cualquier temor que impida que

Él se deleite en ti, de algún modo crea espacio para todo lo que Él tiene preparado para tu vida…

Te limpie.

Te llene.

Te libere.

Te dé poder.

Jesús no vino desesperado porque necesitaba algo de nosotras; Él vino a estar con nosotras.

Emanuel: Dios con nosotros.

Necesito detenerme aquí y ser muy clara porque quizá no sepas con exactitud cuál es la razón por la que no tenemos que estar a la altura del estándar perfecto de Dios.

Jesucristo, el Hijo de Dios, hizo por nosotras lo que nunca podríamos hacer por nosotras mismas: Él estuvo a la altura de las circunstancias. Fue el sacrificio perfecto. Fue el único que satisfizo todo lo que Dios pide para tener una relación con Él. Y en vez de guardárselo para sí, cambió el lugar con nosotras. Cambió su suficiencia por nuestra escasez y nuestra carencia. Llevó todos nuestros pecados, nuestra insuficiencia, y los condenó con Él en la cruz. Y aquellas que hemos nombrado nuestro pecado, nos volvimos de él, y confiamos en Dios para salvación, ahora no solo estamos a la altura de las circunstancias delante de un Dios perfecto, sino que Él nos ama.

Es una historia que nunca olvido.

No tenemos que actuar ante un Dios que ya nos ama con locura como sus hijas adoptivas. No estoy diciendo que nos volvamos apáticas ni perezosas, sino que dejemos de intentar impresionar a Dios. Él quiere estar con nosotras. Y esa realidad bien metida a presión en nosotras produce todo menos apatía. Estar completa, implacablemente amada, no hace apática a nadie, sino que borra cualquier necesidad de ganar estrellas doradas.

Cooper piensa que me importan sus estrellas, y de seguro, me alegro cuando mis hijos obedecen y avanzan. Pero lo que él no puede comprender es que estoy tan completamente enamorada de él en sus peores días como también en los mejores. Él me conquistó. Quizá pueda enfadarme, pero ese niño ha entrelazado su camino hacia las partes más profundas de mi ser. Él es mi hijo, y su actuación y sus logros o la falta de cualquiera de ellos nunca van a agregar ni a quitar una pizca de mi amor por él.

Tal vez intelectualmente ya conozcas esto del amor de Dios. Sabes que te ama, pero tienes problemas para experimentar su amor, o para creer que su amor sea en verdad tan inquebrantable como dice. Entonces, lleva esa desconexión, esa duda, directo a Él en oración y en una conversación y confesión profundas. Solo cuando nos acerquemos a Dios con honestidad hacia Él y hacia nosotras mismas, vamos a comenzar a sanar y a restaurar esos vacíos en nuestro corazón.

Cuando nos vemos de la manera en que nos ve Dios, no tenemos que esforzarnos. Estar cerca de Dios no produce presión ni legalismo; produce adoración.

ENFRENTAR LA TEMIBLE PERO BELLA VERDAD

Hace algunos años, al comienzo de nuestra segunda reunión de IF:Gathering, yo estaba parada en la oscuridad en la parte trasera del teatro. Acababa de dar una de las charlas más temblorosas de mi vida, y apenas podía superarlo. Lo que pocos sabían era por qué temblaba.

Diez días antes de ese momento, padecí un ataque total.

Comenzó con una erupción que anunciaba la llegada de herpes, seguida de una infección que no estaba relacionada con el cuadro anterior. En medio de toda mi miseria, todavía seguía inocente y neciamente sacudiendo un puño al diablo, diciéndole: "Tráelo". Bueno, se ve que él aparentemente apreció el desafío y, días antes del evento de IF, yo estaba tirada en el suelo del baño sufriendo uno de los dolores más grandes que jamás había sentido. Digamos que me hizo desear los dolores de parto. No, tachemos eso. Me hizo desear la muerte.

Había sufrido la rotura de un quiste en el abdomen.

En medio de todo eso había llamadas debido a una crisis en nuestra organización, una situación que me impulsó a una de las conversación de liderazgo más difíciles que jamás haya tenido, y créeme, he tenido algunas únicas y peculiares. Así que, desde la cama, con un dolor terrible y llena de medicación, realicé varias llamadas complicadas. Me preguntaba si nuestro sueño pequeño llamado *IF* moriría a pocos días de la segunda reunión.

Pero finalmente lo logramos. Di la accidentada charla, aun creyendo en la mentira de que tenía que mantener todo esto junto y unido, de que tenía que luchar contra las fuerzas de la oscuridad que venían contra mí.

Ahora estaba parada aquí, en el fondo, escondida en la oscuridad. Shelley Giglio vino y se paró a mi lado. Vio el temor. ¿Cómo no iba a verlo? Estaba en todo mi ser. Me tomó mi mano temblorosa, y pronunció en voz alta las palabras más aterradoras que revelaban mi mayor inseguridad, de lo cual tengo un enorme temor y todo el mundo sabe.

"No soy suficiente para esto".

"No-pue-do-ha-cer-lo".

Y entonces, una de mis mentoras más queridas confirmó mi mayor inseguridad. Con una apacible sonrisa, Shelley emitió la devastadora verdad: "Lo sé. Y esa es la razón por la que Dios te eligió, Jennie".

¿Mi mayor y más profundo temor era verdad?

Y ninguna otra verdad más aterradora me había liberado jamás.

Por supuesto que odiaba que ella lo hubiese confirmado. Porque lo que pensé que necesitaba era inflar mi autoestima. Quería que me dijera que yo podía. Deseaba ser la mejor y saber que Dios me había escogido por eso. Pretendía estar especialmente dotada, ser inteligente y valiente.

Necesito ser lo suficientemente buena para liderar este asunto. Deseo ser suficiente para Dios, para ti. Y ese es mi pecado. Muy en lo profundo, quiero ser autosuficiente. No quiero seguir necesitando a Dios.

Me doy cuenta de que **mi maldición no es creer que no soy suficiente; mi pecado es continuar tratando de serlo.**

Todo el tiempo Jesús está diciendo: *Quiero liberarte de tu esfuerzo, liberarte de tu duda, liberarte del orgullo que se preocupa más por alcanzar algo que por recibir algo.*

Yo soy suficiente.

Así que tú no tienes que serlo.

3

Adormecidas

La otra noche me acosté para dormir, pero mis pensamientos comenzaron a quedar atrapados en recuerdos de las semanas pasadas:

- Mis hijos revisando sus calcetines navideños en medio de risas, decepcionados porque en el fondo estaba lleno de naranjas.
- Zac sonriendo por nuestra cena "romántica" de barbacoa, con servilletas de papel y unos extraños sentados al lado nuestro en nuestra mesa de picnic, y diciendo espontáneamente: "Realmente estoy feliz de haberme casado contigo".
- Mis hermanas divirtiéndose y riéndose de mí despiadadamente porque le hice volcar al mesero una bandeja con quince vasos. En serio, esa es casi la cantidad de niños que tenemos entre todas.

Con mi cabeza apoyada en la almohada, mentalmente revolvía recuerdos buscando atraparlos y atesorarlos en lo profundo. Pensé que si podía atrapar bastantes de esos momentos y anclarlos, asegurándolos en algún lugar dentro de mí, la vida significaría más; si andaba más despacio, como marcando los días, de alguna manera los haría más valiosos, más importantes. Porque la mayoría del tiempo ando por la vida sin poner marcadores, sin prestar atención a los recuerdos. Me muevo un poco adormecida. Vivo mi rutina, manejo el caos, sobrevivo.

En los últimos tres años una de mis mejores amigas, Sarah Henry, tuvo un ataque cardíaco y mi hermana se divorció. Mientras tanto yo me sentí abrumada por las demandas de un ministerio en pleno crecimiento; con Cooper y mis otros niños también creciendo y requiriendo mi atención; las necesidades apremiantes alrededor del globo que no puedo suplir; y solo la vida con sus presiones. Mi mochila se estaba poniendo increíblemente pesada. Así que en vez de confiarle ese peso a Dios y a la gente que vive conmigo, simplemente tiraba ese paquete contra la pared y miraba las siete temporadas de *El ala oeste de la Casa Blanca*.

Ciertamente así no es como se supone que debemos vivir los que seguimos a Jesús. Mi mayor temor se volvió perderme el hermoso gozo de la vida que Dios me había dado. Yo estaba corriendo por la gente que amo y por Dios, y aun así en medio del caos los estaba perdiendo.

No alcanza simplemente con reconocer que Jesús es más que suficiente; necesitamos ser liberadas con regularidad de nuestra existencia que se vuelve una pesada mochila. Estamos perdiendo nuestras vidas. La lucha nos roba el gozo, nos quita los momentos especiales. No fuimos creadas para simplemente tachar los días hasta que nos vayamos al cielo.

Cuando vivimos tratando de estar a la altura por nuestras propias fuerzas, una de dos cosas sucede:

1. LUCHAMOS
2. NOS ADORMECEMOS

O combinamos las dos, y finalmente nos anestesiamos porque estamos cansadas de luchar.

Tanto estar insensibilizadas como luchar son dos indicadores de que estamos tratando de encontrar nuestra valía en alguna otra cosa además de Jesús. Eso me recuerda a un curso de escuela secundaria. Tienes los luchadores, los que se sacan las notas más altas y hacen su tarea a la perfección y siempre levantan la mano en clase, con un buen desempeño. Al fondo del aula están los más flojos, que se han dado por vencidos hace mucho tiempo. Están abstraídos, mirando el reloj en espera de que la clase finalice. Tal vez esto tenga algo que ver con nuestra personalidad o inclinación. Pero creo que cada uno expresa de una manera singular estos dos impulsos de luchar o de adormecerse. Puedes ser alguien que queda bien con todos o tal vez una rebelde. Pero tú y yo tenemos las mismas necesidades: ser conocidas en profundidad y amadas incondicionalmente. Lo cual significa que, no importa cómo lo expreses, tú también anhelas ser aceptada. Al final todas nos cansamos de nuestra sed crónica y resulta más sencillo ausentarse que enfrentarlo.

El adormecimiento es más fácil que el dolor. La insensibilidad es más fácil que la lucha. El peso del pecado, del estrés o de las heridas nos circunda a todas, la carga y el dolor de fracasar en cumplir nuestras expectativas, de no ser la clase de vecinas, gerentes, hijas, amigas, esposas o madres que desearíamos ser. La vida no es lo que pensamos que sería, y estamos cansadas de intentar cambiar nuestra realidad.

Apagar todo mediante las redes sociales, las ocupaciones, seis temporadas de *Juego de viernes por la noche*, alcohol, música, trabajo o hasta actividades religiosas, nos adormece y nos ayuda a lidiar con todas las cosas pesadas o duras que nos inundan cada día. Pero vivir adormecidas no es vivir. Estar anestesiadas es andar sonámbulas por este regalo que nos ha sido dado: la vida.

Un problema del estar adormecidas es que es menos detectable que la tristeza, el enojo o la alegría. La gente a menudo no piensa en ello, excepto cuando, por lo general, justo debajo de la superficie, hay un persistente sentido de que algo no anda bien.

Si yo te preguntara "¿cómo estás?", ¿serías capaz de responder *cómo* estás?

Tenemos un tipo de respuesta automática para esta pregunta.

"Estoy bien".

"Todo bien".

"Creo que bien".

¿Pero cómo está tu alma?

¿Estás verdaderamente satisfecha y feliz?

Esto resulta invasivo y aterrador para responder. Vamos de una rutina estática a la siguiente, de nuestro desayuno regular con cereales a las reuniones de trabajo los lunes por la mañana, a hacer trámites o filas en la puerta de la escuela, las carreteras por las que conducimos, y luego a casa, a las recetas predecibles de lo que cocinaremos para la cena, los conflictos recurrentes en los que mediamos entre nuestros hijos, e incluso el orden en que nos lavamos el rostro y cepillamos los dientes o nos ponemos el pijama para meternos en la cama y dar el día por acabado. Para la mayoría de nosotras, los días se funden en años o etapas de la vida, y los guiones singulares que nos tocan actuar en la vida que Dios nos dio se vuelven cansadores en vez de ser un deleite.

¿QUÉ NOS ESTAMOS PERDIENDO?

Las partes rutinarias de la vida no son enemigas de los movimientos de Dios; ellas son la base. Nos corremos de ese papel, y nos olvidamos que en realidad fuimos creadas y dotadas para ser parte de la historia emocionante y eterna que está armando nuestro Dios que nos ama.

Tendemos a segmentar nuestra vida en compartimentos.

Dividimos lo que pensamos que es espiritual de lo práctico.

Dividimos lo que creemos importante de lo mundano.

Dividimos lo que amamos hacer de lo que se supone debemos hacer.

Dividimos la familia y amistades de nuestra misión en la vida.

Olvidamos que Dios está entremezclado con cada parte de nuestra vida y quiere entretejer guiones y encuentros eternos con nuestras actividades cotidianas y las personas con las que nos relacionamos. Estamos separando todas las partes que se supone que deben fundirse en una; y sí, harán algo de lío, pero Dios creó esta receta caótica de fe y satisfacción.

Un día, hace no mucho tiempo atrás, apagué mi celular a las cinco de la tarde y observé cómo cada uno estaba ocupado con sus tareas, con la televisión o con amigos. Al principio tomaba mi celular ocasionalmente para revisarlo, solo para darme cuenta de que estaba apagado. Luego recordé que se suponía que debía observar mi vida.

Contemplé a Coop, de ocho años, traerme un libro sobre ladrillos Lego para que se lo leyera, luego de haberse trepado a mi falda. Miré a Caroline, de diez años, pedirme que la ayude con su tarea de matemáticas, que ya en tercer grado me está superando. Kate, de catorce, se sentó sobre la mesada y me contó historias sobre su día, mientras yo revolvía la salsa picante. Conner, de dieciséis años, bajó la escalera y se unió a nuestra conversación; luego puso la mesa, después de que yo se lo pidiera, por supuesto.

Miré mi vida en vez de mirar mi celular, y me agradó mucho.

Quizás muchas de esas situaciones estaban ocurriendo el resto de los días, pero yo no estaba lo tan presente como para captar los detalles y apreciar ese regalo.

Y sí, Dios está en esos momentos comunes y corrientes, y Él también nos está llamando a hacer cosas atrevidas y en obediencia que nunca podríamos haber imaginado. No es esto o aquello, es ambas cosas. A veces ni siquiera sabemos cuáles son las grandes y cuáles las pequeñas. **El cielo contará historias que la tierra pasó por alto.**

Nuestra identidad debe pasar de desesperanzadas, luchando, sobreviviendo, sintiéndonos seres humanos insignificantes, a una identidad de mujeres eternamente amadas, seguras, confiadas, peligrosas, llenas de poder, que están en una misión clara, noble, eterna, que además alcanzan logros como maestras, cajeras, ejecutivas, porteras, madres y amigas.

UNA GRAN VISIÓN QUE NOS DESPIERTA

Creo que anhelamos tener visión más que ninguna otra cosa. Junto a nuestra profunda sed de amor, relaciones y aceptación necesitamos una visión que nos inspire y encienda nuestros anhelos. La visión en realidad nos sacude del letargo y el adormecimiento. Es verdad, algunas veces escogemos el adormecimiento como una alternativa antes de luchar sin éxito por alcanzar grandes cosas. Pero una visión real, enfocada en Dios, nos despierta a algo mayor y alcanzable que lo que veníamos persiguiendo.

Yo tengo un sueño alocado de que cada persona que cree en el nombre de Jesús en esta tierra se pueda unir bajo su nombre y amarse y amar a Dios de una manera radical, algo que el mundo nunca ha visto en ninguna generación antes que la nuestra.

Es una visión enorme, y estoy segura de que mientras lees estas palabras estás tentada a apartar la mirada con fastidio, porque te resulta algo idealista o poco práctico para tu necesidad inmediata de pagar tus cuentas, o encontrar a el terapeuta adecuado para tu hijo con autismo, o ayudar a tus padres con cáncer, o ayudarte a ti a encontrar un buen partido con el cual casarte. O esta visión simplemente no ayuda a tu corazón triste cuando ni sabes por qué lo está.

Pero en realidad yo pienso que una gran visión puede cambiarlo todo. (Tal vez todo excepto la parte del muchacho correcto). Cuando tenemos una visión clara y desafiante:

- nos necesitamos de veras unos a otros, y encontramos relaciones,
- nos sentimos parte de algo mayor que nosotras y encontramos aceptación,
- reconocemos nuestra necesidad de Dios y descubrimos su amor como nunca antes.

Yo continúo volviendo a la Biblia, y al Dios de la Biblia, porque es absolutamente imperioso y satisface esa parte íntima en mí que anhela entrañablemente un propósito, visión y algo más grande que yo misma. Y si soy una tonta por creer en todas esas cosas grandiosas y gastar mi vida entera en Él, al menos no soy la única.

Este libro, la Biblia, está lleno de personas luchadoras y visionarias, pastores y comerciantes comunes.

- Pablo hacía tiendas y predicaba, considerando su vida entera, la gloria de ella y el dolor de ella, una pérdida en comparación con el hecho de conocer a Jesús.
- Noé tenía un hijo rebelde y construyó un barco que al final terminó salvando a la humanidad.
- Abraham llevó a toda su familia al desierto y pasó allí el resto de su vida. Aun así Dios cumplió propósitos

que se extenderían por generaciones y llegarían hasta la eternidad.

- David apacentaba las ovejas en medio de la nada, y aprendió a usar la honda, que al final fue muy útil.

- Josué sirvió junto a Moisés de manera casi invisible durante años; en ellos desarrolló la fidelidad y la fe que llevarían a una generación a la Tierra Prometida.

- Rut cuidó de su suegra, recogió comida, y encontró a un hombre bueno. Luego crió a sus hijos, y resultó estar educando a un antepasado de Jesucristo.

- Nehemías tenía un empleo secular con un rey pagano, pero se hallaba en el lugar exacto para ayudar a reconstruir las murallas de Jerusalén, protegiendo y uniendo al pueblo de Dios.

- Jesús fue carpintero, y sus hombres habían sido cobradores de impuestos y pescadores, solteros, casados y misioneros.

Se supone que nuestros roles y funciones cotidianas se combinan con la historia de la eternidad. Pero muy a menudo los compartimentamos y nos perdemos la lección.

Cuando con Zac estábamos en el seminario, en Dallas, la escuela nos dio entradas a bajo costo para ir a escuchar una sinfónica. Yo nunca había asistido. La verdad, no quería ir a ningún concierto. Zac retiró las entradas y me sorprendió con una cita. Dentro de mí dudé de que esa sorpresa me fuera a gustar.

Mientras nos sentábamos en medio de personas que se abren paso torpemente para tomar sus asientos e invaden el silencio con susurros ahogados, me lamentaba de haber gastado mis valiosos dólares en la persona que cuidaría a los niños. Entonces un solo violín cortó el aire tenso. Fue deslumbrante, pero yo todavía no me conmovía.

Luego se unieron las flautas. Me relajé un poquito.

Entonces cada uno de los casi cien instrumentos inundaron el salón con sonidos. Ahí me desarmé. Me recosté y traté de procesarlo. Cada cuerda y cada tecla, cada nota obrando al unísono construyeron una belleza que no sabía que existía.

Tú y yo fuimos creadas para disfrutar la sinfonía que Dios siempre está tocando. Pero solo escuchamos el golpe de un platillo aparentemente al azar, y el tono sombrío del violonchelo. No disfrutamos el todo porque las partes están separadas y han perdido su belleza.

Cada relato, cada persona, en la Biblia fue construyendo una historia que jamás pudo haber imaginado en su tiempo. La sinfonía de la que fue parte condujo la llegada del Hijo de Dios a la tierra para llevar un pueblo entero a la eternidad.

Sospecho que cuando David estaba pastoreando las ovejas no tuvo en claro este punto.

Ciertamente Daniel cuando se sentaba a comer ensalada mientras que otros a su alrededor cenaban un trozo de carne, no sabía que estaba preparando el camino para un carpintero que un día comería con pecadores y nos salvaría a todos.

Cuando leo sus historias, cuando contemplo la historia de Dios, empiezo a sentirme como una tonta absoluta si gasto siquiera un día del regalo de la vida en esta tierra por estar adormecida, retraída o distraída.

Tú y yo sabemos hacia dónde nuestras historias rutinarias y eternas nos conducen: Jesús regresará, y tomará a su pueblo y edificará un reino que no tendrá fin.

Si sabemos todo lo que sabemos, viviendo de este lado de la vida de Jesús y su misión, si lo conocemos y estamos llenas de su Espíritu y fuimos llamadas a esta historia épica, eterna y espectacular, ¿cómo podríamos estar al margen siquiera por un minuto?

Pero lo estamos.

Porque olvidamos la sinfonía y la historia mayor y comenzamos a resentirnos e incluso a negar las partes pequeñas y cotidianas de nuestras vidas. Si pudiéramos comprender que las pequeñas partes están construyendo el cielo, quizá no nos alejaríamos de ellas.

Jesús dijo: "Les aseguro que todo lo que hicieron [alimentar al hambriento, vestir al desnudo o dar un vaso de agua al sediento] por uno de mis hermanos, aun por el más pequeño, lo hicieron por mí".[1] Las cosas pequeñas no solo están construyendo la eternidad; también encontramos a Jesús mientras las llevamos a cabo. Jesús está en medio de cada momento común, desprolijo y rutinario. Allí es donde a menudo nos encontramos con Él, cuando hacemos planillas en nuestro escritorio, cuando conducimos el automóvil, cuando compartimos una comida con amigos, cuando lavamos los platos. En esos lugares habitamos con Él.

La visión, el descanso, el trabajo, el gozo, Jesús y las dificultades fueron hechos para convivir. Pero muy a menudo, cautivas en nuestro propio círculo de luchar y adormecernos, perdemos de vista la belleza y la gran historia que se está desarrollando.

HAZ QUE EL MUNDO SE RETIRE

A medida que el peso de los años caía sobre mí, me costaba admitir que mis días eran sombríos, especialmente cuando no sabía exactamente la razón. Mucho del peso que llevamos proviene de cosas que también son bendiciones en nuestras vidas.

Por meses medité en quién sería el culpable de mi batalla: los ataques espirituales, son tan evidentes algunas veces que me he reído con fuerzas por lo obvio que puede ser el diablo; la presión por proteger la pureza de esta "grandiosa obra de Dios"; el caos de todo el trabajo mezclado con cuatro niños en crecimiento a una velocidad turbo, y yo sintiendo que algo me estaba faltando.

Recuerdo una noche en particular; estaba acostada en la cama diciendo: "¿Sabes, Señor? Si esto es lo que significa seguirte, no sé si estoy dispuesta".

Había leído la Palabra. Había hablado con amigas. Había orado, orado y orado. Había ayunado y clamado en voz alta. Había hecho todo lo que venía a mi mente para que las cosas cambiaran, porque la oscuridad me estaba abrumando, pero estaba confundida.

Miré mi vida y vi este castillo de los sueños de Barbie: un marido increíble, cuatro hijos sanos y felices, una hermosa iglesia, un círculo de amigas íntimas, un ministerio en crecimiento, en el que usaba mis dones, alcanzando el mundo para Cristo. No solo que mis necesidades básicas estaban satisfechas, sino también mis deseos y sueños por encima de lo normal. Aun así, por alguna razón cada día me sentía agobiada con ese sentimiento de querer patear el tablero y rebelarme. Sí, un deseo sobrecogedor de derribar a patadas el castillo de los sueños de Barbie, y no sabía por qué.

¿Por qué no podía disfrutarlo? ¿Por qué no encontraba la felicidad? ¿Dónde se hallaba?

Para ser sincera, no me sentía miserable ni tenía una profunda tristeza; era más como que había elegido estar adormecida. No estaba llorando hasta dormirme, sino más bien caía rendida mirando *Las chicas Gilmore*. Los pensamientos que usualmente se me cruzaban por la cabeza eran:

No quiero estar con Jesús; quiero estar con Netflix.

No quiero estar con mis hijos; quiero tomar una siesta.

No quiero conectarme íntimamente con amigas; quiero conectarme profundamente con mi bata y un kilo de helado.

La vida se había vuelto tan importante y pesada que estaba perdiendo la alegría.

Por mucho tiempo, hace muchos años, tuve el pensamiento inmaduro de que la vida se trataba en gran medida de encontrar la comodidad y la felicidad. Luego, cuando Dios me llevó más a lo profundo con Él, vi con claridad que la vida se trata de amar a Dios y a la gente con pasión.

La felicidad se había convertido en algo malo, y sufrir por Dios y por la gente parecía ser bueno. Pero mi entendimiento de la vida y de Dios era como un péndulo, oscilando de un lado a otro, de una convicción a la contraria.

Mi dilema entre luchar/adormecerme estaba en plena oscilación cuando con Zac recibimos una invitación para pasar una semana en la cabaña de un amigo, que está justo al lado del campamento de *Young Life* [Vida Joven] llamado Club Malibú, en el medio de la nada en Canadá.

Cuando se acercaba el tiempo de ir a la cabaña, parecía imposible que pudiera llegar a una comprensión de la raíz de mi infelicidad, y sentía que lograr un gran cambio emocional en *Young Life* no era más que una expresión. Mi mayor esperanza era reírme un poco y atesorar algunos recuerdos con Zac y nuestros amigos. Pero ahí radicaba el problema: en la cabaña, donde estaba rodeada de una cantidad de felicidad, era imposible escapar o ignorar mi propia infelicidad.

Quería que volviera mi alegría,
que mi libertad regresara,
que mis sentimientos quedaran atrás,
que mi pasión retornara,
que mis sueños se renovaran.
¡Quería que mi vida volviera!

Había visto a Dios moverse de maneras espectaculares y milagrosas, y lo había visto también hacerlo en silencio, detrás de escena, de una forma en que solo podía haber sido su mano obrando. Había sido testigo de respuestas a la oración, como ser que mis seres queridos fueran salvos, personas quedaran libres de adicciones, recibieran ofertas laborales, se lanzaran nuevos ministerios, incluso que los niños encontraran un nuevo valor en sus vidas.

¿Cómo podía ser que alguien que hubiera visto el poder de Dios moverse de tantas maneras distintas estuviera tan ausente e infeliz?

Me aterraba, pero estaba sucediendo. Estaba congelada por dentro, sin tener idea de por qué me pasaba eso o qué hacer para remediarlo, cargada con pesos que pensé que yo había pedido llevar porque confiaba en Jesús.

Así que luego de algunos días en el campamento, mientras caminábamos para ir a cenar, admití lo que había estado atemorizada de decir en voz alta, temerosa incluso de reconocerlo en lo íntimo: "Sé que algo está terriblemente mal en mi alma. Mi vida necesita un cambio. Solo que no sé precisamente cómo hacerlo".

Cuando les hablo a cientos de mujeres, oigo el mismo clamor en sus historias. Cuando te encuentro, veo en tus ojos:

Que quieres que tu gozo vuelva,
que tu libertad regrese,
que tus sentimientos cambien,
que tu pasión retorne,
que tus sueños se renueven.

¡Quieres que vuelva la vida!

Una noche, después de cenar, me alejé para pasar tiempo con Jesús. Fue un tiempo tan desabrido como pocos. No lloré. No leí. Me senté allí mirando el cielo, preguntándole a Dios qué hacer con ese peso que sentía, con mi desgraciada y pesada mochila invisible. Mi alma estaba a punto de ser resucitada, pero no de la forma que hubiera imaginado. Dios me llevó allí porque estaba dispuesto a cambiar de manera radical la forma en que estábamos llevando adelante nuestra vida juntos. Él no dejaría que perdiera mi vida, ni que perdiera su amor, no permitiría que lo perdiera a Él.

Él me siguió, y también te sigue a ti.

Otro pasajero de la cabaña tropezó en el camino, aparentemente estaba perdido. Era un caballero mayor, con el cabello plateado y ojos sinceros. Yo había oído que otros se referían a él como un consejero sabio. Un consejero sabio, eso era exactamente lo que yo parecía necesitar. Alguien que me diera un diagnóstico, una persona que me explicara este peso que había invadido mi vida.

Cuando lo vi caminando le dije:

—Señor, sé que esto va a parecerle una locura, pero debo contarle mis problemas.

Él se rió y se sentó a mi lado. En el trascurso de la próxima hora y media, el hombre escuchó pacientemente cada pensamiento insignificante y significativo de mi vida, el peso de mi castillo de los sueños de Barbie y mi falta de suficiencia. Mi ausencia de emoción se tornó rápidamente en una emoción apasionada, y me encontré llorando en el hombro de este pobre hombre y secándome los ojos y la nariz sobre su remera.

Le conté sobre mi abrumadora urgencia de derribar el castillo de la realización personal. Le dije cuán desesperadamente quería oír a Dios decir: "Bien hecho". Le hablé de cuánto miedo tenía de echarlo todo a perder. Le dije de mi constante sentido de insuficiencia. Le confesé que mi corazón no era lo suficientemente puro, que yo no era una líder muy buena, y que Dios había elegido a la persona equivocada. Le conté cuánto quería agradar a Dios.

Él escuchaba, se sonreía y asentía, y ¿puedes imaginar lo que me dijo?

—Jennie, ¡derríbalo de una vez!

—¿Qué?

—Sí. Derriba ese castillo. Si es de Dios, no podrás echarlo a perder y arruinarlo todo, no importa cuánto lo intentes. Y si no es de Dios, entonces le has hecho un gran favor.

Mi cerebro estaba girando como un trompo mientras la libertad y la paz entraban a cada parte de mi ser. Me visualicé pateando el ministerio con... todas las expectativas, las presiones, los sueños realizados. Y me imaginaba que rebotaba y volvía como uno de esos castillos inflables.

Él pronunció palabras como:

"Jennie, Dios no te *necesita*, Él te *ama*".

"No es de extrañar que estés tan cansada, es mucha carga para llevar".

"Yo también preferiría estar mirando Netflix en vez de estar con Jesús si viviera con miedo a fallarle todo el tiempo".

"A Dios no podría importarle menos el éxito, el fracaso, las visiones, las decepciones. Él tan solo usará esas cosas, cada vez que le sea posible, para llegar a ti, para estar *contigo*".

Me reí con ganas ante lo absurdo de todas las mentiras que había creído y las aspiraciones aparentemente nobles que había dejado que me dañaran para demostrar que era capaz de liderar eso. ¡Qué necia había sido al pensar que podía manejar este movimiento de Dios! ¡Qué arrogante, al creer que podría mantener en pie todo esto si tan solo mi corazón era lo suficientemente puro!

Esa noche me di cuenta de que había estado viviendo una gran parte de mi vida *para* Dios en vez de *con* Dios. Y eso es mucha presión para una muchacha. Me sentí tan cerca del cielo como nunca antes había sentido, y Dios susurró: *¿Qué si todo* *lo que deseaste, toda la felicidad que pensaste, solo se encuentra en amarme a mí y a mis hijos con pasión?*

Claro que sí. Por supuesto.

Lo sabía, solo que no lo creía. Y al final hay una gran diferencia.

Él susurró: *¿Sabes que tu alma solo me anhela a mí? Solo a mí. Eso es lo que ansías. Eso es vida. Eso es paz. Eso es esperanza. Eso es gozo.*

Me imaginé a Jesús llamándome a esta gran aventura, pero diciéndome: *"Jennie, ven a mí, trabajada y cargada, y te daré descanso. Toma mi yugo, y aprende de mí, que soy humilde y manso de corazón, y hallarás descanso para tu alma. Porque mi yugo es liviano, y ligera mi carga".*[2]

Quiero que dejes de hacer cosas para mí y comiences a hacer cosas conmigo. Tengo algunos campos para arar y tus ojos han estado mirando al vacío, trabajando y luchando y empujando esta carga pesada. Mira a tu alrededor por un minuto. Echa un vistazo.

Miré, y estaba ese enorme buey al lado mío.

Aquí estoy, como una pequeña atada con una correa junto a un enorme buey, y es Dios. Él siempre estuvo allí. La razón por la que podría llegar a descansar no era porque el trabajo fuera sencillo, ni porque yo fuese capaz de lograrlo. Era solo porque estaba atada a DIOS. Él haría el trabajo, y yo podría descansar porque Él es tan fuerte, tan bueno, tan amable.

Él dice: *"Soy Yo, y Yo, y Yo, y Yo, y tú conmigo o sin mí".*

Yo lo hacía más difícil de lo que tenía que ser.

¿Sabes? Dios nos ha llamado a su gran visión. Nos está llamando a ir y hacer discípulos del mundo, mostrarles a Jesús y ver a las personas transformadas. Nos ha llamado a dar comida a los pobres y esperanza a los enfermos, a amar nuestras familias en los tiempos difíciles. Nos ha llamado a vivir vidas que liberen a las personas y las inviten a entrar en la familia de Dios.

Aunque a veces perdemos la capacidad de asombro, porque vivimos diariamente nuestro llamado de una manera rutinaria, Él nos ha llamado a una tarea asombrosa, noble y emocionante; y si no eres parte de ella, puedo asegurarte que la razón por la que te sientes así es porque te estás perdiendo algo.

No podemos restarle importancia a la visión, pero tampoco podemos cumplir ninguno de los propósitos de Dios sin sus recursos y energía.

De repente supe qué debía hacer con mi mochila. Ya no pelearía más bajo ese peso, ni me acostaría adormecida contra una pared a mirar Netflix. Se la entregaría al Buey que me había acompañado hasta aquí, que era más capaz que yo para llevar esa carga, y comenzaría a disfrutar los lugares a los que iríamos juntos. Él en realidad solo esperaba que yo viera que Él ya había llevado la carga todo el camino.

4

Salir a respirar

Casi muero en un campamento de verano cuando tenía once años.

Todos habíamos llevado kayaks y veleros de pequeño porte hacia una pequeña isla lejos de la orilla del campamento, donde dormimos en carpa durante unos días. Siempre elegía lugares cercanos a las duchas (estoy a favor de las duchas), así que estaba ansiosa por volver a tierra firme. Cuando llegó el momento de cargar, junté a tres amigas y sacamos ventaja para elegir el barco, un pequeñito velero de plástico.

A mitad de camino, empezaron a verse unas amenazantes nubes oscuras. A los pocos minutos estaba lloviendo. Imagínate, cuatro niñas de once años en un velero en medio de una tormenta dignamente salvaje. El pánico nos atrapó. Yo estaba a cargo de las sogas que controlaban la navegación. Cuanto más las sostenía, más rápido se movía el barco, íbamos a toda velocidad. Dado que yo no sabía nada sobre navegación, el bote quedó fuera de control. Y sin darme cuenta, el palo de metal que aseguraba la embarcación me golpeó y me lanzó al agua. Las sogas hicieron que la vela se tensara y que aumentara la velocidad, al tiempo que las cuerdas se me enrollaron alrededor del cuello.

Recuerdo vívidamente la oscuridad del agua mientras el barco me arrastraba. Mi peso tensaba aún más la ya tirante vela. Yo era la cosa que hacía que el barco fuera rápido. Yo era la tensión. El barco me estaba asfixiando, y los mandos de la embarcación estaban atados a mi cuello.

Me hubiera quitado las sogas de alrededor del cuello y así nadar hacia arriba y tomar aire, pero no podía desenredarme y el barco no se detenía. El poder del viento era tan fuerte que apenas lograba respirar un segundo, y luego volvía a ser arrastrada bajo el agua oscura. No era lo suficientemente fuerte como para quitarme las sogas de encima.

El barco me llevaba cada vez más rápido, y yo seguía tratando de salir a flote para respirar.

Me sentí más indefensa que nunca.

No podía salvarme a mí misma.

Como madre de cuatro niños que en la actualidad asisten a campamentos, no puedo imaginarme qué haría si estuviese parada en la orilla mirando que esto le sucede a uno de ellos. Antes de que perdiera el conocimiento, un consejero que vio lo que me estaba sucediendo remó en kayak hacia mí, se lanzó al agua y me desenredó.

Alguien tuvo que salvarme. Yo no podía salvarme a mí misma.

Lo mismo sucede con nosotras.

La vida nos empuja cada vez más rápido, y seguimos tratando de salir a flote para tomar aire. Somos arrastradas por la vida, y a esto se le añaden las enormes mochilas atadas a nuestras espaldas…

No podemos hacerlo por nosotras mismas. Necesitamos ser salvadas.

Si estás agotada por luchar para probarte a ti misma, no estás sola. En esto estamos todas.

Esta historia tiene un villano. Ese villano explora nuestra vida y presiona en cada grieta que encuentra. Se mete en nuestra cabeza. Él es la voz que nos dice: *No eres suficiente. No puedes hacerlo. Estás perdiendo.* Hay algo en estas palabras que suena con una tremenda verdad.

Felizmente, nuestra historia también tiene un héroe. Pero este héroe no somos ni tú ni yo. Tenemos la tendencia a querer ser los héroes de nuestra historia. Cuando hay un villano evidente, cada una de nosotras quiere entrar en acción y solucionar el problema. El héroe posee todos los recursos, todo el poder y todo el control.

La persona que es salvada no tiene nada de eso.

Tiene tan solo una necesidad. Está siendo agitada por el agua o cayó desplomada sobre el piso de un armario, llorando con la cabeza hundida en una remera sucia. Tiene todo menos recursos, poder o control.

Solía pensar que el mejor final para una historia oscura y difícil era ser un héroe, pero ahora me doy cuenta de que ser rescatada es en verdad el desenlace más liberador y más hermoso.

VIVIR EN LA VERDAD

Yo no soy suficiente. Es una frase aterradora que a menudo atraviesa nuestra mente con relación a un sinfín de cosas. Permíteme contarte algunas historias que he escuchado de mi círculo de amigos cercanos.

Bekah lidera campamentos de entrenamiento. Al guiar a vecinos y amigos en los ejercicios, también los ha visto atravesar batallas contra el cáncer y enfrentar divorcios complicados. Con frecuencia tiene la oportunidad de hablar sobre Cristo, pero todo el tiempo se pregunta si hace una tarea que sea lo suficientemente importante.

Laura ha sido constantemente una de las mejores vendedoras de *Noonday Collection*, pero aún llega a su casa preguntándose si su personalidad es lo suficientemente extrovertida como para estar en el área de ventas.

Sarah sufrió un accidente cerebro vascular masivo y pasa la mayor parte de sus días en rehabilitación, aprendiendo a hablar, a leer y a caminar de nuevo. Sin embargo, encontró una manera de comunicar su preocupación de sentir que no es una mamá lo suficientemente buena para sus tres hijos.

Jessie tiene sesenta y tantos años y se divorció hace un tiempo. Ella reboza de amor por Jesús. Sus hijos ya crecieron, así que tiene tiempo libre, y hace poco asistió a un curso de aconsejamiento. Pero nunca continuó. Cuando me acerqué a ella para hablar al respecto, me dijo: "Pensé que nadie iba a querer aconsejar a alguien divorciada". Por decirlo de manera sutil, *yo no soy suficiente.*

Quiero sacudir a mis queridas amigas. Ellas derraman sus vidas en una rendición a Dios obediente y única, y, sin embargo, no pueden ver que el relato en el que creen es el equivocado. Y créeme, un día ellas quisieron sacudirme a mí por creer las mismas mentiras.

Con mucha frecuencia somos arrastradas en la oscuridad, incapaces de salvarnos a nosotras mismas de nuestros pensamientos, nuestra vergüenza y nuestros errores. Tratamos de pegar tácticas de autoestima sobre nuestros temores, pero no se adhieren porque, bueno… es verdad. No somos suficientes.

Sería un pensamiento terriblemente depresivo, si no estuviese seguido por la verdad más liberadora de toda la eternidad.

Dios sabía que nunca seríamos suficientes. Así que Él se volvió suficiente por nosotras. Jesús es nuestra suficiencia.

Pero antes de que se te pongan los ojos vidriosos como si estuvieras en la clase bíblica de sexto grado, detente. Si recordar esa verdad bastara para cambiarnos, podríamos dar por terminado todo este asunto aquí. El problema con nuestra alma es que pensamos que sabemos la verdad, pero no vivimos así.

Quizá dices que creer en Jesús es suficiente, pero entonces, ¿por qué no te acercas a Él cada vez que puedes? ¿Por qué continúas corriendo hacia cualquier cosa en la tierra excepto Él? O, ¿por qué tu tiempo con Él se ha convertido más en una tarea rutinaria que en algo que sopla vida en tu alma cansada?

La verdad de que no somos suficientes y que Jesús sí lo es no representó tan solo una buena noticia el día que Dios nos salvó. Necesitamos predicar esa verdad a nuestras propias vidas y a otras personas cada día. Fuimos rescatadas de una vida de esfuerzo.

—¿Recuerdas algún momento en tu vida en que Jesús estaba cerca y era real para ti? —Mi esposo, Zac, me hizo esa pregunta hace poco. Él sabía que yo estaba luchando por intentar ubicar a Jesús y encontrar el camino de regreso a Él. Me dijo—: Jennie, ¿por qué no te vas a casa y buscas tus viejos diarios de la facultad?

Mientras observaba la cantidad de palabras escritas con letra ondulada y rellena que había garabateado durante esos años, recordé la gruesa Biblia de estudio color verde abierta en medio de un campo de girasoles que era mi cubrecama y el tema del empapelado de mi dormitorio de estudiante de primer año. La Biblia, siempre sobre mi cama, estaba completamente marcada. Había anotado los sentimientos de mi corazón arrepentido y honesto delante de Dios en casi cada una de las páginas.

En esos diarios pude leer sobre los viajes en el transporte que me llevaba a clase y en el que oraba por cada persona que estaba en ese autobús. En ese entonces, oraba todo el tiempo.

Necesitaba a Dios. Amaba mi iglesia local. No podía esperar a que fuera domingo. Las notas de la iglesia estaban escritas por todos lados. Estaba muy sedienta de Dios, de su verdad y de su pueblo. Quería a Dios, lo necesitaba, y Él estaba allí.

Sí, aquellos fueron los años en los que el desorden alimenticio comenzó a apoderarse de mí y, cuando estaba cerca de terminar la facultad, amenazaba con estrangularme. Ese tiempo, como toda nuestra vida, fue una mezcla de gozo y lucha, y de Dios y su obra, al tiempo que yo peleaba por encontrar y establecer mi identidad en este mundo.

Pero, incluso durante ese tiempo de eterno conflicto, había escrito historias que describían conversaciones hasta altas horas de la noche sobre cosas espirituales con personas que no eran particularmente espirituales. Nuestro debate era natural, relajado y espontáneo. No hay dudas de que hubo un pequeño avivamiento a nuestro alrededor en la Universidad de Arkansas en la década del noventa.

¿Qué era lo que estaba abrumadoramente presente en mi vida en aquellos días?

Oración constante.

Confesión constante.

Una Biblia remarcada.

Una iglesia imperfecta de la que estaba agradecida.

Diarios y más diarios llenos de historias en las que Dios se movía.

Amigos a mi lado que amaban a Jesús.

Y gozo y paz, bondad y esperanza, diversión y misión, riesgo y una vida completa.

Si bien sé que volver a la simplicidad de los días universitarios no es ni realista ni posible, quiero vivir una vida enteramente llena como aquella. Quiero estar llena de Jesús a tal punto que Él brote de mi vida.

Hasta el año pasado, estuve estudiando la vida de Jesús en el libro de Juan.

¿De qué manera Jesús llevó a cabo la visión más grande de todos los tiempos sin esfuerzo?

¿Qué era lo que creía acerca de la eternidad, de su Padre y de esta vida?

¿Cómo entró en el sufrimiento y lo atravesó?

¿Cómo vivió con toda esa increíble y enorme carga que debe de haber tenido en la vida?

Jesús vivió con una plena seguridad de su identidad. Vivió resuelto, satisfecho, dependiente, sin nada que demostrar, y con el objetivo claro de mostrar el amor de su Padre a cada persona con la que se encontrara.

Quizá estés pensando: *"¡Claro, Jesús vivió creyendo que Él era suficiente y no tenía nada que demostrar porque Él era Dios!"*.

Sí. Él es el único en haber creído en la tierra que era suficiente para Él mismo. También era un hombre completo. Jesús vivió como un ejemplo de lo que significa seguir a Dios y caminar con Él. La Biblia dice: "el que afirma que permanece en él debe vivir como él vivió".[1] En otras palabras, en esta vida debemos ser cristianos (pequeños Cristos). Somos llamados a vivir como Él vivió.

Así que no vamos a enfocarnos simplemente en las palabras que Jesús dijo mientras estaba aquí; vamos a observar cómo vivió, sus elecciones y sus riesgos, su afecto y sus prioridades, sus pasiones y sus frustraciones.

Jesús fue una demostración impactante de Dios durante el tiempo que vivió en la tierra. En realidad, aún nos impacta cuando miramos la forma en que vivió, qué cosas valoraba y cómo amó. Desafió las normas de la sociedad, y nos mostró cuán equivocados podemos estar acerca de quién es Dios y lo que desea de nosotras.

Colosenses 1:15 dice que Jesucristo "es la imagen del Dios invisible". Jesús era completamente hombre y completamente Dios, y vivió totalmente comprometido con todo su corazón, mente, cuerpo y emociones.

Plenamente conectado con su Padre y con las personas a su alrededor.

Íntegramente presente en el dolor y en el gozo.

Enteramente consciente de la necesidad a su alrededor y del papel que tenía que desempeñar para satisfacerla.

Absolutamente satisfecho en su identidad y en su lugar dentro de la historia del Padre.

Completamente confiado en la provisión del Padre para cumplir su propósito.

Este libro es un ejercicio para encontrar a Jesús y aprender que no tenemos nada que demostrar, porque vivimos de su abundancia y permitimos que esa abundancia se derrame sobre nuestra sedienta vida.

El punto es conocer más a Dios y darlo a conocer.

No hay nada más peligroso, más fascinante, más liberador, más radical, más real, más satisfactorio, más poderoso que una persona con un poquito de fe. Una fe sincera en Jesús y en todo lo que Él quiere hacer a nuestro alrededor nos despierta, nos sacude, cambia nuestra perspectiva, trae esperanza en medio del dolor y enciende el propósito.

Entonces comencemos a observar a Jesús con el libro de Juan capítulo 1. ¿Acaso es el momento de la historia que Juan intenta envolver en palabras? Toda la historia había sido creada para ese momento; toda la eternidad lo estaba creando.

En el principio ya existía el Verbo, y el Verbo estaba con Dios, y el Verbo era Dios. Él estaba con Dios en el principio.

Por medio de él todas las cosas fueron creadas; sin él, nada de lo creado llegó a existir.

En él estaba la vida, y la vida era la luz de la humanidad. Esta luz resplandece en las tinieblas, y las tinieblas no han podido extinguirla…

Esa luz verdadera, la que alumbra a todo ser humano, venía a este mundo. El que era la luz ya estaba en el mundo, y el mundo fue creado por medio de él, pero el mundo no lo reconoció. Vino a lo que era suyo, pero los suyos no lo recibieron. Mas a cuantos lo recibieron, a los que creen en su nombre, les dio el derecho de ser hijos de Dios. Estos no nacen de la sangre, ni por deseos naturales, ni por voluntad humana, sino que nacen de Dios. Y el Verbo se hizo hombre y habitó entre nosotros. Y hemos contemplado su gloria, la gloria que corresponde al Hijo unigénito del Padre, lleno de gracia y de verdad.[2]

Dios se hizo carne…

Y habitó entre nosotros…

Dios con nosotros. Jesús.

Si estás acostumbrada a escuchar o a leer esta declaración, permíteme decirte algo: para las personas que escuchan esto por primera vez –que el Dios del universo se volvió un bebé humano– es alucinante. Alucinante. Dios se hizo carne.

Dios se hizo carne y *habitó* entre nosotros.

Otra verdad que nos deja con la boca abierta. La palabra *habitó* aquí, en el griego, significa "armar una carpa". No sé si alguna vez escuchaste un mejor resumen de Jesucristo que ese. Él armó una carpa con nosotros. Bajó del cielo, levantó un campamento y dijo: *¡Eh! Voy a hacer una fogata, y quiero que vengas a pasar un rato conmigo y veas cómo es Dios, porque yo soy Dios. Tú* *me conoces y yo te voy a conocer. Voy a descender desde el cielo, voy a sentarme y habitar contigo.*

Si eso no mueve tu corazón de alguna forma, estás oficialmente adormecida.

Cuando vemos a Jesús, vemos a Dios. Cómo es, cómo viviría, qué haría, qué desea de nosotras; o aún mejor, qué quiere Dios *para* nosotras.

TODO ES POR ÉL

Este encuentro con Jesús ha creado un nuevo camino para mí, un nuevo sendero para conocerlo mejor y vivir con su fuerza y gracia abundante y permitir que el Espíritu Santo obre a través de mi vida en lugar de esforzarme.

Pero esta nueva forma en realidad es regresar a lo antiguo. **Volvemos a lo simple, a la gracia común de lo que significa caminar con Jesús.**

Descubrí este modelo en la vida de Jesús, un modelo que nunca antes había visto por completo.

Él dice: *"Yo soy el Pan de vida".*

Él es el Pan de vida. Nosotras no.

Dice: *"Yo soy la Luz del mundo".*

Él es la Luz. Nosotras no.

Dice: *"Yo soy la Puerta".*

Él es la Puerta. Nosotras no.

Dice: *"Yo soy la Verdad y el Camino".*

Nosotras no.

Él es suficiente. Nosotras no.

Vivía tan sedienta porque pensaba que sabía dónde estaba el agua. Creía que estaba al otro lado de esa delgada línea negra en constante movimiento de expectativas que me rogaba que la cruzara, y para llegar allí tenía que reunir los recursos necesarios dentro de mí. Por eso estaba tan cansada. Trataba de ser el pan y la luz, la vida y la suficiencia, y parecía que nunca podía hacerlo.

Pero lo que pensé que era una gran desilusión en realidad fue la misericordia más grande que Dios me haya mostrado jamás. Como sabrás, muy pocas veces vamos a beber a menos que tengamos sed. Sentir sed es uno de los regalos más grandes que Dios nos hizo. Reconocer nuestra necesidad de Dios es el comienzo para poder encontrarlo.

Él creó nuestro cuerpo para indicar nuestra sed de agua, Él creó nuestra alma para indicar nuestra sed de agua espiritual de vida.

"¡Si alguno tiene sed, que venga a mí y beba! De aquel que cree en mí, como dice la Escritura, brotarán ríos de agua viva".[3] La frase original en griego indica aquí que estos ríos van a brotar "de la parte más íntima de nuestro ser" o "de nuestro vientre" o de la parte más profunda de nosotras. Así que Jesús dice a todo aquel que esté sediento: *"Vuelve a mí y te mantendré satisfecha. Y a partir de esa vida junto a mí, desde lo más profundo de tu ser, el amor va a desbordar y a traer vida a otros".*

Cada uno de los capítulos que siguen comienza con una adaptación de una escena del Evangelio de Juan, historias que revelan cuán regularmente Jesús se movía entre las personas que sabían que no eran suficientes. Entonces, Él les recuerda que no son suficientes, pero Él sí lo es. Estoy convencida de que nuestra perspectiva va a cambiar cuando presenciemos el modelo en que Jesús nos dice una y otra vez que no somos suficientes, pero Él es más que suficiente.

Él es suficiente, así que nosotras no tenemos que serlo. De hecho, es absolutamente arrogante continuar tratando de serlo. La realidad es que Él representa la suficiencia que nosotras nunca podríamos tener. Como nos prometió en Juan 7: *Si tienen*

*sed, vengan a mí… No solo voy a saciarles la sed; haré que ríos de
agua broten de ustedes y a través de ustedes.* Todo lo que ansiamos
con abundancia está en Jesús…

Debido a que Jesús es suficiente, podemos experimentar una
verdadera plenitud,
podemos vivir conectadas con Él y con otros.
podemos descansar,
podemos arriesgarnos por su gloria,
podemos cambiar el temor por esperanza,
podemos abrazar la gracia,
podemos vivir nuestro verdadero llamado.

Puedes vivir en estos ríos desbordantes de la suficiencia de
Jesús. ¿Vas a elegirlo a Él en lugar de vivir siendo arrastrada,
perdiéndote la vida, sin ser capaz de tomar aire?
No podemos salvarnos a nosotras mismas. Pero esta historia
tiene un héroe.
¿Dejarás que Él te salve?

Si no comprendes nada más acerca de por qué nunca tienes
que demostrar, escucha esto: ES JESÚS.
Jesús redimió nuestro pasado en la cruz, como un sacrificio
perfecto, limpió nuestro nombre para siempre y nos hizo por
siempre rectas ante Dios.
Jesús redime nuestro presente porque promete utilizar los
peores y los mejores momentos de nuestra vida para su gloria
y para nuestro bien. Cada día seguimos cometiendo errores. El
hecho de que estés luchando no muestra que no seas cristiana;
si Cristo no estuviera dentro de ti, ni siquiera te importaría. Él
está en nosotras y con nosotras, nos ayuda a pelear contra nuestros pecados y nos redime para sus propósitos. Este proceso nos

guarda de vivir arrogantes durante el éxito y evita que estemos derrotadas en el fracaso. Él nos sujeta y sostiene cada día.

Jesús redime nuestro futuro. No tenemos que demostrar nada aquí porque el "aquí" no es nuestro hogar. Y en el hogar para el que nos estamos preparando, no vamos a estar comparando nuestras acciones; simplemente dejaremos todo don, toda obra y todo gozo a los pies de Jesús. No tenemos nada de qué presumir.

No tienes nada que demostrar, porque eres perdonada, amada y tienes un hogar.

Este año vimos a nuestro hijo mayor convertirse en un hombre. En la mitad de la temporada de fútbol americano le pidieron a Conner que comenzara a jugar como mariscal de campo, siendo estudiante de segundo año, en uno de los partidos del equipo universitario más importante del año. El antiguo corredor se había lastimado. Era mucha presión, incluso para un muchacho que poco tiempo atrás quería ser el hombre araña.

La mañana del juego, lo llevé a un desayuno de equipo junto con otros jugadores. Abrió la puerta e hizo una pausa. Se dio vuelta y dijo:

—Mamá, nunca estuve tan asustado.

Entonces, ¡bum!, dio un portazo y caminó impasiblemente hacia el lugar junto con todos los demás muchachos que se transformaban en hombres.

Yo no podía conducir. Me detuve en un estacionamiento y lloré un poco (¡porque quizá los jugadores de fútbol de décimo grado no puedan hacerlo en un desayuno con tacos, pero sí pueden sus mamás afuera en el auto!). Luego, le mandé un mensaje de texto; un texto seriamente largo con todas las palabras que hubiese deseado decirle antes de que cerrara la puerta del auto. Al embarcarnos en el viaje de creer en que Jesús es suficiente para nosotras, pensé que tal vez estas palabras sean adecuadas también para ti:

Hijo, Dios parece estar dedicado a extender nuestra capacidad, recursos y habilidades. Es apenas delante de nosotros que vemos más de Él y Él puede ser mejor visto a través de nuestras vidas.

"Así que no temas, porque yo estoy contigo; no te angusties, porque yo soy tu Dios. Te fortaleceré y te ayudaré; te sostendré con mi diestra victoriosa".[4]

Conner, casi todo lo que siempre has hecho ha estado dentro de tu capacidad. Tal vez lo que más me emociona de este momento de tu vida sea que: lo que se te pide está más allá de tu edad, experiencia y habilidad actual.

En mi vida, estos han sido los momentos en que más he edificado mi fe en Dios. Porque cuando te rindes y confías en Él y saltas hacia lo que te atemoriza, ves que Dios te fortalece, te ayuda; por momentos te lleva en sus brazos, y no recuerdas lo sucedido. Esta es mi oración: que experimentes cuánto te ama Dios, cuánto desea ayudarte, cuán poderoso es confiar en que Él hará lo que está más allá de nuestros recursos.

Te amo y estoy enormemente orgullosa de cómo te has entregado a tus entrenadores y al equipo esta semana. Los guiaste al servirlos y trabajar duro, y al avanzar aunque te sintieras débil y asustado.

"Pero él me dijo: 'Te basta con mi gracia, pues mi poder se perfecciona en la debilidad'. Por lo tanto, gustosamente haré más bien alarde de mis debilidades, para que permanezca sobre mí el poder de Cristo".[5]

Me preguntaste cómo es ser humilde…

Es ser como tú has sido esta semana.

Cabeza hacia abajo.

Trabajar duro.

Estar asustado.

Hacerlo de todas formas.

Pensar en tu equipo más que en ti mismo.

Necesitar a Dios.

Saber que cuando sale bien es por causa de Dios.

Saber que cuando sale mal, no hay de qué preocuparse porque tienes a Dios.

Él está en ti, Conner. Él está en ti hoy y esta noche, y nosotros también estaremos allí.

Y a ti, que sientes temor, te sientes destrozada, sobrepasada, inadecuada, que te extiendes más allá de tu capacidad, Dios también está a punto de llegar de forma tan grande y cariñosa. Tan solo espera…

Parte 2

LAS CORRIENTES DE SUFICIENCIA DE DIOS

5

No más sedienta

Basado en Juan 2

Escuchaba susurrar a los hombres. Mi suegro se notaba visiblemente disgustado.

Yo no podía imaginarme qué podía estar mal. Estábamos celebrando mi casamiento con unos días perfectos, y la fiesta aún no había terminado. No podía esperar para adaptarme a todo lo relacionado con comenzar un nuevo hogar y una familia, pero estaba saboreando cada segundo con mis amigos y mi familia, bailando, comiendo y disfrutando de cada uno y de todo lo que Dios había hecho por nosotros.

Al otro lado de la gente, mi suegro y un pequeño grupo de hombres comenzaron a sujetar a sus esposas, mientras seguían susurrando y mirándome continuamente. El pánico se apoderó de mí. Caminé hacia mi madre. Ella lloraba. Cuando me acerqué, me tomó de las dos manos, y nuestros ojos se encontraron. "No hay suficiente. No hay más vino".

Habíamos estado preparándonos para la semana más grandiosa de nuestras vidas durante meses. Sabíamos que proveer para todas las personas que viajaban a celebrar con nosotros sería un esfuerzo para nuestro exiguo presupuesto. Muchas personas nos amaban y respetaban a nuestras familias. Compramos todo lo que pudimos, y como familia oramos sobre las cajas de alimentos y bebidas, y rogamos: "Dios, que todo esto sea suficiente".

Estábamos tan ansiosos por casarnos, y ahora nuestra familia iba a enfrentar la mayor vergüenza de su vida. Los amigos que habían venido a celebrar con nosotros comenzarían a juzgarnos y a sentir lástima.

La primera ola de vergüenza y culpa me golpeó.

Me escabullí hacia un lugar tranquilo. Me arrodillé sobre el piso cubierto de polvo y le volví a rogar a Dios: "Por favor, sálvanos de esta vergüenza".

Antes de ponerme de pie, escuché un grito, y luego las palabras: "EL ME-JOR VI-NO".

Unos días después, los invitados ya se habían ido, y casi habíamos terminado de limpiar lo que quedaba de la celebración. Las enormes vasijas de cerámica, normalmente reservadas para la purificación ceremonial, aún estaban en el patio, la mayoría de ellas llenas del mejor vino que jamás hayamos bebido.

Observé que mi suegro las miraba fijamente. Era obvio que él estaba más confundido que yo. Llamó a los sirvientes.

Dos de ellos ser acercaron corriendo, y él les pidió que se sentaran.

—¿Pueden decirnos qué es lo que sucedió?

Intercambiaron miradas pero ninguno habló. Finalmente, uno de ellos carraspeó y dijo:

—Señor, no lo sé. Cuando el vino se estaba terminando, usted sabe bien que nos pusimos muy nerviosos. Poco después de que me acerqué a usted, me llamó una mujer llamada María. Luego su hijo, Jesús, me pidió simplemente que llenara las vasijas limpias con agua. Y así lo hice.

No entiendo nada. ¿Qué estaba diciendo? Todos escuchamos que Jesús y María habían recolectado el vino. Yo estaba impaciente. "¿De dónde salió el vino?".

—Todo lo que sé es que llené las jarras con agua, y cuando las tomé, era vino tinto. Eso es lo que le traje al encargado de la fiesta.

Todos nos quedamos mirando el piso cubierto de polvo.

Habíamos sido rescatados por nuestro amigo. Nos había salvado de la vergüenza. Estábamos agradecidos.

Pero… ¿agua en vino? Era simplemente imposible. De niña siempre andaba entre los viñedos que estaban cerca de la casa donde vivía, para poder estar sola y pensar, y de paso robar una o dos uvas. Los trabajadores del campo eran cuidadosos al podar las ramas muertas y hacían su mejor esfuerzo para no dañar las uvas. Después de esperar un año, las uvas maduras eran recolectadas con cuidado. Luego se las limpiaba y machacaba y el jugo se vertía en vasijas que a menudo se guardaban intactas por años, para producir el mejor vino. No podía imaginar otro trabajo más difícil ni labor más paciente que la vinicultura. El sudor, el trabajo, la resolución, la paciencia; yo estaba familiarizada con todo lo que se necesitaba para hacer un buen vino.

Sin embargo, Jesús ¿habló e hizo que el agua se convirtiera en vino? ¿Quién es este hombre? ¿Qué persona con una palabra podía hacer lo que a decenas de hombres con gran cantidad de recursos les tomaba varios años?

Mi suegro finalmente habló. Miró al sirviente y dijo:

—Tráeme un poco más de ese vino.

Todos comenzamos a reír, pero yo no lo había resuelto. Jesús. Deseaba que Él y sus hombres nos volvieran a visitar. Quería agradecerles por haber salvado nuestro casamiento. Pero aún más, anhelaba entender quién era Él.

La corriente de satisfacción

El sol se estaba poniendo mientras Cassie caminaba hacia el hombre de su vida, que estaba vestido con uniforme de gala, ansiosa por convertirse en su esposa. Zac y yo formábamos parte de la vida de Cassie desde que ella iba a la escuela secundaria. Se había vuelto parte de nuestra vida, alguien a quien nuestros hijos admiraban. Todos la habíamos visto crecer de una niña dulce e insegura a una líder madura y devota, que finalmente había encontrado su pareja en Geoff. Mi hija más pequeña, Caroline, desparramó las flores delante de Cassie. Zac estaba parado detrás de Geoff, alegre por llevar a cabo la ceremonia. Y Kate, mi hija más grande, sentada a mi lado, observaba este sueño donde se desarrollaba una boda. El clima perfecto hacía parecer que Dios le sonreía a dos de sus favoritos.

Más tarde, cuando subimos al auto, mi hija Kate de doce años me miró y dijo:

—Mamá, quiero una boda como la de Cassie. ¿Y viste su vestido? ¡Me gustó mucho!

Y así como así, retrocedí a mis doce años, con mis piernas colgando en el sillón reclinable de papá mientras soñábamos, deseábamos y fingíamos que sabíamos algo sobre el futuro.

Era profundamente consciente de que esta conversación podía continuar para moldear las esperanzas y los sueños que Kate tenía para su vida. También podía definir la manera en que percibía nuestras expectativas sobre ella.

Yo trabajo en una oficina llena de mujeres solteras fenomenales, la mayoría de las cuales desean casarse algún día.

En gran parte, la respuesta a ese deseo está fuera de nuestro control. **Muchas de las cosas que pensamos necesitar para ser felices están fuera de nuestro alcance.** Quería que Kate supiera, incluso a los doce años, que no necesita ningún hombre ni ninguna boda soñada para ser completa, para estar satisfecha.

Así que después de la alegre y soñada boda como salida de un cuento de hadas a la que acabábamos de asistir, le eché un vistazo en un semáforo y le dije:

—Kate, si Dios quiere, oro para que te cases con un hombre que ame a Jesús y te ayude a amarlo a Él aún más. Pero aun si nunca conoces a ese hombre y no te casas, creo que serás ciento por ciento completa como líder, como amiga, como hija, como mujer y como seguidora de Cristo. Dios tiene enormes planes para ti, y esos planes tal vez incluyan un esposo e hijos. Pero si no es así, vas a aportar hermosos capítulos para la historia de Dios.

Kate sonrió. La luz se puso en verde. Me preguntaba qué iba a decir ella a continuación. Me preguntaba si iba a retroceder. ¿Había acaso aceptado la sutil mentira de que se necesita un esposo para ser valiosa? ¿Había supuesto que iba a conocer al muchacho soñado y casarse?

Sus siguientes palabras fueron:

—Mamá, por supuesto que lo sé. Tengo grandes sueños, de todas formas.

Me brotaban las lágrimas al ver su confianza y seguridad en lo que Dios la había formado, con o sin pareja. Oré y aún sigo orando para que el enemigo nunca le robe la verdad de que es suficiente con Jesús, incluso cuando no tenga ninguna otra cosa en la tierra.

SED DE SATISFACCIÓN

El matrimonio y la familia se han vuelto ídolos en nuestra cultura, especialmente en la iglesia. Además de esos supuestos requisitos indispensables de la fe madura, para demostrar que eres una seguidora de Jesús comprometida, aparentemente también necesitas tener un trabajo estable en el lugar correcto, estar registrada en el partido político adecuado, tener los amigos apropiados y mantener una caja de ahorros modesta. A menos, por supuesto, que renuncies a todo ello y te mudes a un país del tercer mundo como misionera.

Dios nos perdone por decidir cómo debería ser seguirlo a Él, por señalar que el cumplimiento proviene más de la vida que construimos aquí que de la vida que nos espera con Él.

Estamos completamente enfermas de ensimismamiento y egocentrismo. Creemos en la mentira de que cuanto más consumimos, más satisfechas estamos. Sin embargo, consumir más de este mundo solo nos hace estar más sedientas.

Todo el mundo busca el entusiasmo y la receta para una vida rica y completa. Tenemos un anhelo profundo e incorporado de satisfacción. De alguna manera no nos damos cuenta de que la experiencia más emocionante y satisfactoria de la vida viene de seguir al Espíritu de Dios.

Seguir a Jesús...

No significa que no tengas hijos saludables.

No significa que vivas de un sueldo.

No significa que no obtengas el trabajo soñado.

No significa que no conozcas a la persona de tus sueños.

Significa, y es una promesa, que estarás satisfecha. Jesús promete una satisfacción completa. Y esa satisfacción no se encuentra en las cosas que el mundo aprecia.

Creo que tú y yo ansiamos la belleza, el gozo y la libertad que vienen de entregar nuestra vida en lugar de consumirla. Pero no sabemos cómo hacer ese cambio. Así que intentamos apaciguar nuestras ansias buscando espejismos en el desierto, alcanzando ilusionismos de agua en lugar de llegar al agua misma.

Cuando busqué el significado de la palabra *gozo,* me sorprendí al ver la cantidad de sinónimos que tiene: asombro, regocijo, júbilo, satisfacción, alegría, felicidad. Odio decirlo, pero no son palabras que usaría para describirnos a ti y a mí la mayor parte del tiempo. Este es mi temor: de alguna manera llegamos a creer que está mal estar alegres. Tal vez se deba a que somos muy conscientes del sufrimiento de amigos cercanos y del dolor que hay en el mundo. Quizá sea porque acarreamos las presiones del trabajo y de la vida. Parece que la diversión significa escapar de la responsabilidad en lugar de ser un atributo de las personas que conocen a Dios.

Me remonto a la urgencia que tuve por varios años de agradar y obedecer a Dios, y ahora veo que en mi vida ahogué gran parte del asombro, regocijo, júbilo, satisfacción, y la simple alegría. Al ir sintiendo que la vida era cada vez más frenética y ajetreada, mi alma estaba obviamente insatisfecha. Tenía un montón de cosas de Dios pero no tenía a Dios mismo. La pesadez comenzó a hacer que me perdiera los momentos y las personas que son la mejor parte de mi vida. La satisfacción verdadera significa tener la capacidad de vivir el momento, tanto en las experiencias positivas como en las negativas, y no perderse ninguna; aunque estaba amargamente consciente que todo eso parecía escurrirse de mis manos.

Dios no solo es el creador del asombro, del gozo, de la satisfacción, de la alegría, sino que también los proporciona con su simple presencia. Pero de alguna manera, cuando me rendía a Dios, como un péndulo, oscilaba entre "la vida se trata de mi felicidad" y "la vida se trata de sufrir por Jesús". Al principio, cuando Zac y yo orábamos y decíamos: *"lo que quieras, Dios"*, el asombro y el gozo explotaban en mi corazón al ver a Dios dar comienzo e inspirar nuevas aventuras. Pero, de alguna forma, ese relato milagroso y obediente se convirtió en una tarea noble y fastidiosa que se suponía debíamos realizar para Él.

Entonces, la pregunta es:
¿Dios quiere que vivamos completas y felices?

Jesús vivió con un gozo silencioso y pacífico, enraizado en una satisfacción profunda y establecida, y lo proporcionó una y otra vez a las personas cercanas a Él. Jesús tenía la mente completamente puesta en la próxima vida. Vino desde el cielo y sabe lo que nos espera allí a todas nosotras.

Sin embargo, con el cielo totalmente a la vista, Jesús vivió su vida íntegramente, al crear oportunidades para que las personas a su alrededor vieran más a Dios. Convertir el agua en vino como invitado a una boda, compartir inolvidables y largas comidas con extraños y con amigos, celebrar la extravagante fragancia del perfume derramado para Él. Jesús creó momentos que aquellos que lo amaban nunca pudieron olvidar. Y Él eligió disfrutar de las personas a su alrededor y de la tarea que tenía aquí.

Al acercarme a la vida de Jesús, lo hacía con un corazón enteramente abierto, buscando la respuesta a la pregunta: *"Jesús, ¿por qué me siento tan insatisfecha?"*.

COMENCEMOS CON UNA FIESTA

Cuando me apoyé en el libro de Juan para estudiar la vida de Jesús, vi que el primer milagro lo encuentra a Jesús en una boda.

Me divertí mucho con esto. Me imaginé a Dios en el pasado de la eternidad haciendo planes para el momento en que Jesús estuviera aquí en la tierra, y la Trinidad decide: "¿Sabes?, vamos a realizar nuestro primer milagro al hacer vino en una boda". Diré que cuando me acerqué a esta parte de las Escrituras, tenía fe de que había algo más en esta historia que el hecho de que a Dios le agradaran las fiestas. Porque no creo que ese sea un sermón bueno o apropiado. Así que, ¿qué hay acerca de este milagro? ¿Por qué Jesús comenzó aquí?

Una y otra vez Jesús aparecía en ocasiones comunes, diarias y las convertía en sinfonías. No enseñaba tan solo con palabras; a menudo ilustraba sus esperanzas para nosotros a través de metáforas inverosímiles. En este caso, Él asiste a una boda y hace estallar la extravagancia en un acontecimiento ordinario. El agua en un vino increíble e interminable. Este era un mensaje estratégico, no tan solo el truco de una fiesta.

El vino en la Biblia con frecuencia se utiliza como metáfora. De hecho, como una de las metáforas más significativas para el acontecimiento más importante de la historia. Cerca del final de la vida de Jesús, al término de la cena con los discípulos, Él sirvió vino y dijo: *"Esta copa es el nuevo pacto en mi sangre; hagan esto, cada vez que beban de ella, en memoria de mí". Cada vez que la beban o coman, recuerden que mi cuerpo fue molido por ustedes y mi sangre fue derramada por ustedes; todo para cumplir una promesa, para confirmar el nuevo pacto entre Dios y ustedes.*[1]

Entonces, ¿cuál es el nuevo pacto?

Es bastante asombroso. El vino sería un símbolo de las mejores noticias de la tierra.

Este es el pacto que después de aquel tiempo haré con la casa de Israel —dice el Señor—: Pondré mis leyes en su mente y las escribiré en su corazón. Yo seré su Dios, y ellos serán mi pueblo. Ya no tendrá nadie que enseñar a su prójimo, ni dirá nadie a su hermano: "¡Conoce al Señor!", porque todos, desde el más pequeño hasta el más grande, me conocerán. Yo les perdonaré sus iniquidades, y nunca más me acordaré de sus pecados. Al llamar "nuevo" a ese pacto, ha declarado obsoleto al anterior; y lo que se vuelve obsoleto y envejece ya está por desaparecer.[2]

La muerte de Cristo, recordada con vino, promete la oportunidad de estar cerca de nuestro Dios, de tener una relación con Él, de conocerlo y de recibir su gracia.

Para siempre, el nuevo vino significaría:

El fin de nuestro pecado.

El fin de intentar estar a la altura de las circunstancias.

El fin de probarnos a nosotras mismas.

El comienzo de aquello para lo que fuimos creadas: estar cerca de Dios.

Durante generaciones los seres humanos han tratado de limpiar sus vidas, sus errores, su suciedad y su pecado. El hecho de que en la boda de Caná Jesús hiciera que los sirvientes llenaran con agua las enormes vasijas de purificación ceremonial, resalta el objetivo más importante de su vida, muerte y resurrección: Él reemplazaría los inadecuados rituales religiosos con la promesa que fluye de la cercanía con Dios.

El antiguo vino barato de estar a la altura de las circunstancias y de la religión rancia ya se ha ido. Pero el nuevo vino responde a nuestros anhelos más profundos; y nunca se agota.

La cercanía con Jesús es suficiente para infundir gozo en medio de las experiencias cotidianas. Pero, ¿por qué no vivimos como si lo creyéramos? En lugar de rondar lo más cerca posible de Él, con frecuencia perseguimos el espejismo del gozo, y luego nos sorprendemos por seguir estando vacías. Jesús no entregó simplemente vino: Él dio el mejor vino. A menudo pienso que acudimos a Jesús por salvación pero diariamente nos perdemos que Él nos ofrece la rica y extravagante bendición de su presencia. Pasamos a su lado, y nos conformamos con el vino barato que viene en caja.

EL VINO BARATO DEL ENTRETENIMIENTO

Tenemos litros y litros del mejor vino, sin embargo, seguimos bebiendo del vino barato. *Regocijar* se define como "Alegrar, festejar, causar gusto o placer". Y la definición de *entretener* es "Divertir, recrear el ánimo de alguien".[3]

Fuimos creados para maravillarnos, pero nos conformamos con el entretenimiento. Dios nos formó para anhelar el gozo verdadero y gratificante. Pero, para muchas de nosotras, esas ansias dadas por Dios para la satisfacción del corazón conducen más allá de Dios mismo, quien se suponía que era la satisfacción de esos deseos, hacia una droga que apaga el dolor de la insatisfacción y la desilusión pero que nunca nos gratifica.

Tengo una cartera nueva que aún me hace feliz cuando la miro. Está bien si gasto algo de dinero en una cartera (y de hecho, gasté bastante en ella). Pero no es necesariamente un pecado gastar mucho dinero en una cartera nueva.

El pecado es creer que va a satisfacer algún anhelo en mí, aparte de Jesús.

Hemos intercambiado el asombro y la satisfacción de una profunda relación con nuestro Creador por Netflix, por las redes sociales y por una cartera nueva.

Mi amigo Aaron Ivey, que lidera la adoración en nuestra iglesia, escribe asombrosas alabanzas que me conmueven. Una de mis favoritas se llama "Jesús es mejor". Quiero que te detengas por un minuto y reflexiones sobre cada línea:

Jesús es mejor.
Mejor que cualquier otro placer en esta tierra.
Mejor que ser amado.
Mejor que la comodidad de un bello hogar.
Mejor que unas vacaciones de un mes en la playa.
Mejor que la comida más increíble.
Mejor que ir de compras.
Mejor que agradar a los demás.
Mejor que tu trabajo soñado.
Mejor que el sexo.
El salmista dice, "un día contigo, Señor, es mejor que mil fuera de ti".[4]

Si eres verdaderamente honesta contigo misma, ¿en realidad crees que Jesús es mejor que cualquier otra cosa en este mundo? Pienso que quiero creerlo. Se supone que lo creo. Pero a diario no lo hago, o al menos no actúo como si lo creyera. Por lo general me conformo con mirar y desplazarme por la página de Starbucks en Facebook, en lugar de pasar tiempo por Jesús. Si no creyera en la mentira de que esta actividad vacía y superficial me dará satisfacción, te garantizo que no seguiría intercambiando espejismos por Jesús.

Así que, entonces debo creer que hay gozo en esta vida aparte de Jesús. Ay, cómo odio reconocerlo, pero la evidencia de esa creencia es que me sigo sorprendiendo cuando este mundo y todo lo que persigo en él no me satisface.

No seas engañada ni te confundas. Nuestro gozo —o nuestra falta del mismo— es el resultado directo de dónde gastamos la mayor parte del tiempo, pensamientos y energía. Y Jesús obra completamente al revés del mundo y sus mentiras.

Tu alma está más completa durante los momentos tranquilos y silenciosos en el piso de la habitación donde oras, o en la cómoda silla donde lees la Biblia, o en tu auto mientras adoras a Dios escuchando la canción de Hillsong tan fuerte que no puedes escuchar tu propia voz mientras cantas. Tu alma está más llena al entregarte a ti misma en lugar de consumirte. Jesús lo sabe, y Él te llama a una manera opuesta de vivir, que justamente te otorga todo lo que deseas.

El tiempo con Jesús en realidad ayuda a aquietar nuestra alma salvaje y a recordar la increíble historia de la que somos parte. El tiempo con Él hace que nos sintamos seguros en nuestra identidad. Al escuchar su voz, reconocemos las mentiras que prometen satisfacción en cualquier otro lado.

¿Quieres saber lo que verdaderamente crees que va a satisfacerte? Observa dónde pasas la mayor parte del tiempo.

El peligro no es que vayamos a disfrutar del vino barato de la tierra sino que nos volvamos adictas a él. Me temo que muchas de nuestras distracciones se están convirtiendo en completas adicciones. Como generación somos adictos al entretenimiento, a las distracciones, a la diversión agradable, a Netflix, a las redes sociales, a ir de compras, al alcohol, a la comida, a la profesión, a las vacaciones, incluso a las relaciones. Para mí, en este preciso momento, es *El ala oeste*, con sus siete temporadas. Cuéntalas. ¡Siete! Ante de eso, *Las chicas Gilmore*.

¿Qué sucede si el gozo abundante, el deleite, el asombro y el placer son nuestros, y nosotras nos los seguimos perdiendo a causa del entretenimiento pasajero?

Jesús ofrece todo lo que ansiamos y más. Él nos dice: *Sabes que tu vino barato se agota cada vez, ¿no es cierto? ¿Lo has notado? Se sigue agotando y ni siquiera tiene buen sabor, y aun así lo sigues bebiendo. Te diré por qué. Estás cansada. Estás agotada. Voy a darte algo que nunca se va a terminar, que nunca va a dejar de satisfacerte. De hecho, en comparación con el vino barato que has estado bebiendo, será lo mejor que hayas probado. ¿Lo quieres?*

Sí. Cada una de nosotras dice que sí. Pero, ¿lo queremos lo suficiente como para apartarnos de las diversiones inmediatas y entretenidas, y estar en silencio a solas con Jesús?

No hay helicópteros espirituales que nos saquen del desierto, tan solo las antiguas, comunes, preciosas y prolongadas sendas que nuestros antepasados prepararon con fe y que Dios diseñó.

Rodillas sobre el piso.

Palabras creadas para Dios en oración.

Biblias resaltadas y gastadas de tanto uso.

Horas junto a Aquel que satisface y deleita nuestra alma.

Queremos hacer cosas para Dios sin pasar tiempo con Dios. Es una epidemia dentro de la iglesia, y nos preguntamos por qué estamos tan vacías y somos tan infelices. Dios nos creó para Él, y todos nuestros intentos por manejar nuestra vida lejos de la intimidad con Él solo pueden exponer nuestras ansias de Él.

Jesús comenzó su ministerio público con una imagen de dónde terminaría: su sangre derramada por nosotros.

El vino significa gozo.

El vino significa satisfacción.

El vino significa que yo voy a estar a la altura de las circunstancias por ti.

El vino significa que yo soy suficiente para ti.

El vino significa que ya no tienes que ser adicta a las diversiones vacías de este mundo.

El vino significa que eres libre.

Entonces, ¿cómo se ve eso en nuestra vida diaria?

Jesús fue muy claro acerca de qué hacer con cualquier cosa que nos haga pecar: *córtalo*.[5]

Cancela Netflix.

Corta la tarjeta de crédito.

Cuelga el teléfono.

Quédate con tu gente.

Levanta tu Biblia.

Ponte de rodillas.

No te pierdas el mejor vino. Quédate con el Único que llena tu alma cansada y vacía.

¿QUEREMOS AMAR MÁS A DIOS?

Unas semanas antes de recibir convicción sobre todas las maneras en que había elegido vino barato en lugar de elegir a Jesús, apagué mi teléfono por veinticuatro horas. Me aseguré de que el colegio tuviera un número al cual comunicarse en caso de una emergencia. Dejé dicho en el trabajo que estaría desconectada durante un día y, después de todo eso, me puse cómoda.

Más o menos.

Al principio, resultó liberador el hecho de no tener nada que captara mi atención. Pero había pasado menos de una hora cuando me encontré tratando de hallar el teléfono. Parecido a la persona alcohólica que busca un trago, inconscientemente buscaba mi adicción.

Cuando lo recordaba y lo dejaba a un lado, sentía la paz de Dios fluyendo en mí. Tenía la mente más clara. Pensé: *¿Sabes qué? Tengo que lograr estar presente. Tengo que lograr disfrutar de este día y de la maravilla de estar en la quietud con Jesús.* Sin mostrarlo en Instagram, sin tomar notas para mi próxima charla, sin observaciones brillantes. Tan solo Jesús y yo y el tiempo. Se me llenó el alma y mi visión de la vida cambió de la obligación al asombro de mirar momentos rutinarios desde la perspectiva de Jesús.

La disciplina y el regalo del ayuno revelan dónde se enredaron tus afectos. Cuando alcanzas aquello de lo cual te volviste adicta y no está allí, recuerdas: *Dios, tú eres mejor. Jesús, tú eres el mejor.*

Durante el último año, con Zac hemos tratado de reducir aquellas cosas que buscábamos para satisfacer nuestros anhelos, cosas como Netflix, dormir y comer. No te preocupes, ¡comemos! Pero para alimentarnos, más que por placer. Sí duermo, pero la mayoría de las mañanas me levanto muy temprano.

Permíteme contarte lo que me ha sucedido al elegir a Dios por encima de este mundo: Él es mucho mejor y mucho más amoroso conmigo. La apatía y el atontamiento que por meses me habían adormecido en un lugar donde buscaba con ansias la comodidad en vez de un momento con su Espíritu, cambió. Ahora veo que me despierto y busco a Dios con anhelo otra vez. Siento compasión por mis vecinos en lugar de sentir compasión por los personajes de la serie *Parenthood*. ¡Pero tampoco digo que esas cosas sean diabólicas! Caramba, voy a comer hamburguesas con queso y a mirar los nuevo episodios de *Las chicas Gilmore*. No te preocupes.

Pero aprendí que la libertad proviene de ayunar de las cosas en las que accidentalmente comenzamos a colocar nuestra esperanza. Porque esta es la cuestión: quiero querer más a Dios. Quiero llegar a Él en oración tan pronto mis ojos se abran cada mañana, en lugar de tomar el teléfono. Cuando enfrento una desilusión, quiero anhelar su consuelo en lugar de tomarme mi helado favorito. Quiero disfrutar su amor por mí en lugar de tratar de obtenerlo de personas que nunca me van a satisfacer.

El vino barato de este mundo siempre se seca. Siempre nos deja insatisfechas.

Buscamos una respuesta milagrosa al dolor que no nos podemos quitar. Pero ya la tenemos. Ya lo tenemos a Él.

Cierra los ojos. Él es real, está vivo y está contigo en este preciso momento; el Único que con su Palabra derrama corrientes extravagantes, ricas e ilimitadas de asombro en el vacío de nuestra alma.

De Él fluye todo lo que ansías. ¿Lo crees?

Ahora debo ser clara en este punto importante. Te va a doler; vas a gemir por más.[6] Las Escrituras dicen que esto es verdad, en especial para aquellas que ya hemos saboreado a Dios. No vamos a estar completas ni eternamente llenas hasta que no estemos en casa, en el lugar para el que fuimos creadas, en el cielo con Dios. La comida a la que apunta el vino y el pan es aquella que vamos a disfrutar cuando finalmente estemos con nuestro Señor, comiendo en las bodas del Cordero. Es allí cuando todos nuestros sentidos van a estar satisfechos y todos nuestros anhelos serán cumplidos.

Necesitamos dejar de intentar hacer que la tierra sea el cielo. C. S. Lewis escribió: "Si encuentro en mí un deseo que ninguna experiencia de este mundo puede satisfacer, la explicación más probable es que fui creado para otro mundo".[7] Y lo fuimos. Mientras tanto, Jesús nos deja probar la satisfacción máxima. Permitamos que esa experiencia nos obligue a acercarnos diariamente al Único que siempre va a llenar nuestra alma.

GUÍA DE EXPERIENCIAS

PERMANECE QUIETA

El Señor te guiará siempre;

te saciará en tierras resecas,

y fortalecerá tus huesos.

Serás como jardín bien regado,

como manantial cuyas aguas no se agotan.

Isaías 58:11

Una forma de saborearlo y verlo más a Él es viviendo con esa intención, como vivió Jesús; crear experiencias para beber de Él y disfrutarlo más. En medio de las diversiones baratas que nos distraen, las experiencias planeadas intencionalmente ayudan a que pasar tiempo con Él sea más fácil.

Hay una guerra. Tenemos que pelear, ayudarnos unas a otras a recordar que hay gozo al dejar de lado lo que el mundo dice que da vida. El objetivo de este libro no es crear nuevas experiencias; sino un ejercicio para encontrar a Jesús y aprender lo que significa que Él sea suficiente para nosotras. La clave es conocer más a Dios y darlo a conocer.

Las experiencias no son el objetivo, sino el medio para los propósitos anteriores.

Nada cambia más nuestra perspectiva que meditar y vivir la Palabra de Dios. En cada capítulo incluí un pasaje de la Biblia para que medites. Deja que penetre en tu vida, experiméntalo, no pases muy rápido por él.

ENTRA EN LA CORRIENTE

Al observar tu vida y cómo pasas el tiempo, ¿cuál es la adicción que más te tienta? Nombra tu vino barato. ¿De qué forma Jesús es mejor?

MÉTETE MÁS PROFUNDO

Planifica una hora y quédate con Jesús de una nueva manera.

- Acomoda el tiempo para estar sola.
- Busca un lugar nuevo, exclusivo e inspirador.
- Toma tu Biblia, un diario y un bolígrafo.
- Apaga el teléfono.
- Quédate allí.

SACIA TU SED

Haz un ayuno de tecnología. Sé que puede ser doloroso, pero este domingo apaga todos los artefactos. Cero pantallas. Encuentra maneras creativas de utilizar el tiempo.

A mí me resulta muy útil planificar el día, organizar actividades que me van a ayudar a disfrutar el tiempo y a activarme. Puedes planear pasar un tiempo con amigos, salir, disfrutar de la iglesia, estar con Jesús, dormir una siesta, disfrutar de tu familia.

EL DESBORDE

Ahora mismo, toma el teléfono y envíale un mensaje a alguna amiga con el pasaje de las Escrituras que necesita para ser llena.

6

No más sola

Basado en Juan 4

El polvo se pegaba a mis pies al caminar. Incluso los rayos penetrantes del sol del mediodía se sentían mucho más cómodos que las miradas de las otras mujeres que vinieron a buscar agua esa mañana. Cada vez que pasaba al lado de la poca gente que enfrentaba el calor abrasador, bajaba la mirada al suelo reseco y árido. He disciplinado mis ojos para que no miren.

Sentí alivio al estar sola en el pozo. Podía extraer el agua en paz y dirigirme rápido a mi casa.

Estaba muy sedienta.

Mientras bajaba un recipiente de cuero hasta la profundidad del pozo, una voz me sorprendió.

—Dame de beber.

Miré por encima de mi hombro, y vi a un hombre que se veía visiblemente cansado y sucio por el largo camino. Era judío, y ambos sabíamos que no debería hablarme a mí, una mujer samaritana.

Cuando le pregunté por qué me habló, mi sinceridad le dibujó una sonrisa infantil en su rostro. "Si supieras quién soy, tú me pedirías agua a mí. Cualquiera que beba de mi agua, no volverá a tener sed jamás".

Me intrigó. Mis viajes diarios hasta el pozo estaban saturados de temor, del miedo a esos susurros hirientes o a ser rechazada otra vez. Muchas veces las mujeres se marchaban de inmediato cuando yo llegaba. Su rechazo era doloroso. De vez en cuando podía mezclarme entre la muchedumbre sin que me vieran, y los escuchaba reírse y contar historias sobre sus hijos que jugaban ahí cerca. Aun en ese momento la soledad se agitaba en mi pecho, amenazando con ahogarme.

Pero tenía que ir. Tenía que sacar agua. La llevaba a casa para beber, cocinar, y lavarme, pero nunca me hacía sentir limpia. Aquellas mujeres sí estaban limpias. Sus vidas eran honorables, bajo control, ordenadas.

Yo quería su agua, para no tener que venir más al pozo y arriesgarme a ser avergonzada.

Pero en vez de darme agua, me preguntó por mi marido. Sentí que era perverso, como si supiera de mi dolor y estuviera ocultándome algo.

Mi vasija todavía no estaba completa, pero quería escaparme. Respondí brevemente: "Señor, no tengo marido". Me molestaba tener la boca tan reseca. Si no hubiera tenido tanta sed, habría salido corriendo.

–Lo sé.

¿Qué era lo que sabía? Se sentó sobre la roca que estaba más cerca de mí, buscando mi mirada que trataba de evadirlo.

Con suavidad y amabilidad dijo:

—Has tenido cinco maridos, y el que está contigo ahora no es tu marido.

Me atrapó. Aquello de lo que había estado huyendo, de lo que me había escondido toda mi vida, Él lo estaba arrojando en mi cara. Nadie sabía lo de los otros maridos. Se escandalizarían de mi estilo de vida. Yo había estado huyendo, ocultando mi pasado más despreciable. ¿Cómo podía saberlo?

—Evidentemente eres profeta, así que seguro puedes responderme algo. ¿Dónde se supone que debemos adorar? Todos parecen tener distintas opiniones acerca de esto.

Mientras Él hablaba, yo le daba la espalda.

—Sé que ha habido toda clase de reglas sobre cómo adorar y amar a Dios, pero todo eso está por cambiar.

Había algo en la forma en que lo dijo, la autoridad y bondad de sus palabras, aunque sabía todas las cosas vergonzosas que yo intentaba ocultar. Tuve un sentir de que Él era Aquel a quien todos habíamos estado esperando. Ese pensamiento me llenó de temor. *El Mesías, ¿aquí y ahora, hablando conmigo?*

—Mujer, Yo Soy. El tiempo ha llegado.

Lo sabía. Sabía que Dios había traído al Mesías hasta mí —¡hasta mí!— y Él conocía lo peor de mis errores, y aun así no me despreciaba. Yo estaba desarmada por su amor y la esperanza que había en sus ojos. Todo cambió dentro de mí. Yo quería que todos lo conocieran. No me importaba si me veían ni si se enteraban de todo. En realidad, quería que lo supieran; que todos se enteraran de que nuestro salvador estaba aquí y se interesaba en mí. Si Él quería a alguien como yo, ciertamente todos podían sentirse queridos también.

Aparecieron unos hombres por detrás del monte, hombres que parecían conocerlo. Me alejé del pozo, dejé mis tachos, y corrí a la ciudad. Afuera del mercado pude divisar a un grupo de mujeres con sus hijos. Me detuve. *¿Cómo creerán que hablo en serio? ¿Cómo me creerán?*

Y entonces lo hice. La imprudencia más brillante de mi vida: me saqué de encima todo lo que había estado escondiendo.

La corriente de conexión

Hace poco salimos una noche con algunos buenos amigos a la zona montañosa de Texas.

Realmente fue una de esas noches que si mirabas mi actualización de Instagram hubieras sentido envidia. Una escapada de ensueño. Ellos son algunos de mis amigos más íntimos, a quienes conozco desde hace muchos años. Y tenemos más de diez años de amistad entre los matrimonios. Fue sencillo ser amigos; seguramente sabes que no suele serlo entre parejas. Tú tienes que llevarte bien con la mujer y él tiene que llevarse bien con el varón, y a ellos les tienen que gustar ustedes, y luego tienen que alinearse sus agendas, y todo eso… Como sea, somos matrimonios amigos, y nos hicimos una escapada sin el millón de niños que tenemos entre todos.

Nos quedamos conversando en la cena hasta que cerró el restaurante. El mozo puso delante de nuestra vista una tabla de quesos de lo más elaborada, digna de estar en Pinterest, con quince tipos de fiambres y fabulosos quesos, todos acomodados. La comida preferida de Zac y mía en toda la tierra, junto con las papas fritas es una gran tabla de quesos.

En el cielo habrá mucho queso…

Pienso que en realidad preferimos comer galletitas de agua con queso antes que patatas fritas y queso (y todos los texanos se agarran el pecho) porque no es fácil dejar de devorarlas. Debes ir despacio, hablar, comer y mirar a las personas a los ojos.

Comimos y relatamos historias que casi nunca habíamos contado acerca de situaciones sin importancia. Nos ahogamos de tanto reír al ver cómo Jesse deja que Janet le dé órdenes, y lo notorio que es el amor de Jesse por ella. De allí saltamos inmediatamente a las lágrimas, cuando Julie nos contó que estaba triste porque no va a poder tener más hijos biológicos a causa de sus problemas cardíacos.

Todos nos fuimos de allí con la sensación de conocernos, de habernos visto, de estar conectados, sintiéndonos un poco menos solos. Recuerdo haberme preguntado por qué no detenemos el tiempo de esa manera un poco más seguido. **Como seres humanos, anhelamos conectamos pero a la misma vez lo resistimos**.

El *New York Times* hace poco publicó un artículo titulado "Para enamorarte de cualquiera, haz esto". Como todos los demás que leen ese título, yo quise enterarme de qué se trataba "esto" que causaba que dos personas al azar se enamoraran. El artículo se basaba en un estudio llevado a cabo por el Dr. Arthur Aron, que logró hacer que dos completos desconocidos se enamoraran.[1]

Los dos extraños se sentaron uno enfrente del otro y se formularon unas treinta y seis preguntas que comenzaban con cosas básicas, como con quién te gustaría mucho salir a cenar, y luego avanzaba hacia preguntas más íntimas como: "¿Por qué te sientes más agradecido en la vida?" y "¿Cuándo fue la última vez que lloraste delante de alguien?".

Al final del cuestionario de treinta y seis preguntas, los dos desconocidos tenían que mirarse fijamente a los ojos durante cuatro minutos.

¿Alguna vez has intentado mirar fijamente los ojos de una persona?

No es algo menor contemplar el alma de alguien durante cuatro minutos, mientras que permites que esa persona mire la tuya. Una se expone al sentirse observada de esa manera. Creo que correr el riesgo suele demostrar muchas cosas. La mayoría de las personas bajan la mirada o miran para otro lado. La conexión es así; la gente suele retirarse cuando se siente tan cerca. Pero no fuimos creados para vivir solos, para estar aislados. En lo profundo de nuestro ser se halla un enorme deseo de conectarnos. Ansiamos una conexión íntima más que cualquier otra cosa, y me arriesgaría a decir que la mayoría de nosotras siente una punzada constante de soledad.

Estamos rodeados de gente, pero aun así nos extrañamos unos a otros. Podemos estar sentados en la misma habitación o conduciendo un automóvil juntos y perdernos la oportunidad de mirarnos de verdad, de realmente escucharnos. Rápidamente seguimos adelante, y así nos perdemos a Jesús también. La soledad puede tener un extraño poder sobre nosotros. Nos hace creer que somos los únicos que nos sentimos solos, y entonces reprimimos el deseo de hablar sobre los temores que nos agobian constantemente, cuando casi todo ser humano que camina entre nosotros siente lo mismo.

Recientemente una buena amiga me regaló un libro llamado *Acoger nuestra humanidad*. Jean Vanier escribió lo siguiente:

Descubrí el terrible sentimiento de caos que viene de la soledad extrema...

Todos tenemos este impulso de hacer cosas que sean apreciadas por otros como valiosas, cosas que nos hagan sentir bien con nosotros mismos y nos brinden un sentido de estar vivos. Solo nos percatamos de la soledad en aquellas ocasiones que no podemos tener un buen desempeño o cuando la imaginación parece fallarnos.

La soledad puede aparecer como una leve incomodidad, una insatisfacción interna, una inquietud en el corazón...

Cuando la gente está físicamente en forma, cumple su papel de manera creativa, tiene éxito en su vida, la soledad parece estar ausente. Pero creo que ella es esencial a la naturaleza humana; solo puede ocultarse, pero nunca se va por completo...

La soledad es, de hecho, una forma inherente a nuestra humanidad.

La soledad es la fuerza fundamental que incita a los místicos a una unión más profunda con Dios.

La soledad, por tanto, puede ser una fuerza para el bien.[2]

Básicamente dice: *No me importa lo que diga tu Instagram ni cuántos amigos tengas en Facebook; cada ser humano está solo.*

Una parte de esto es terrible, y la otra, es reconfortante.

LLAMADAS A SALIR DEL ESCONDITE

Aunque adoré nuestra escapada al oeste de Texas, sucedió algo sorpresivo. Al día siguiente de que llegamos a casa, de ese viaje digno de Instagram, me desperté y adivina cómo me sentí.

Sola.

Un día después de haber hecho lo que tanto necesitaba, tanto deseaba, me desperté sintiéndome sola. No era porque los extrañara, sino porque por error había pensado que la salida perfecta con las personas perfectas y mucho queso se suponía que llenaría mi alma.

Una parte de mí había creído: *si hacemos este viaje juntos, será un recuerdo inolvidable. Estaremos más unidos, tendremos charlas profundas, todo lo que yo ansío. Será increíble.*

¿Y sabes qué? Lo fue. Fue todo lo que esperaba.

Pero todavía no alcanzaba para llenar mi alma.

Esto es lo que creo que sucede: estamos tan solos y sentimos que no nos conocen, que no nos comprenden. No nos sentimos conectados a las personas de una manera profunda porque estamos esperando que ellas llenen un espacio que solo Dios puede llenar.

De manera que, en nuestra búsqueda de conexión profunda, debemos reconocer que a menudo buscamos cosas buenas como la comunión, la autenticidad, la confesión, esperando que tomen el lugar de conectarnos con Jesús. La soledad está destinada a ser una invitación para acercarnos a Dios. Pero nuestra tendencia es tratar desesperadamente de suplir esa necesidad con personas, de demostrarnos a nosotros mismos que podemos ser amados y divertidos y dignos de atención.

Fuimos creados para ser dependientes de Dios. Fuimos diseñados para eso. Pero como Dios es invisible depositamos nuestra necesidad sobre personas; y eso se vuelve enfermizo el ciento por ciento de las veces. Se lo llama *codependencia*. Si nos conectamos con la gente pero no con Dios, acabamos pidiéndoles a las personas que sean lo que nos falta. La gente siempre nos decepcionará. No debería sorprendernos; no son suficientes.

Solo Dios tiene los recursos y la habilidad para suplir exhaustivamente nuestras necesidades. Sí, también fuimos diseñados para necesitar las relaciones humanas, pero nunca podremos disfrutarlas si las estamos usando para reemplazar la relación más importante de todas. Cuando comenzamos a ver que nuestras necesidades más profundas se suplen en Dios, pasamos de usar a las personas para que cubran nuestras necesidades a disfrutarlas a pesar de la forma en que nos decepcionan.

La comunidad debe llevarnos a Jesús, no remplazarlo.

Mientras logremos hacer ese cambio en nuestras expectativas, continuamente volveremos a ocultar lo que sentimos, porque es muy doloroso que nos conozcan como somos. Por eso brindamos la ilusión de darnos a conocer, como la mujer del pozo, quien dijo: "No tengo marido", contando una parte de la verdad, aunque no lo necesario como para revelar su quebranto.

Y mientras que tú y yo podemos no andar ocultándonos de las mujeres que van al pozo, a menudo nos escondemos de ser conocidas de verdad. Publicamos una versión de nuestras vidas en los medios sociales y compartimos otra versión café de por medio, ¿pero alguien realmente nos conoce?

¿Quién sabe que te enfadaste excesivamente con tus hijos la semana pasada?

¿Quién está al tanto de que no has hablado con tu padre desde hace un año, porque estás dolida?

¿Quién conoce que te hiciste un aborto cuando estabas en la secundaria?

¿Quién está enterada de que estás triste?

¿Quién sabe que estás sola?

Estoy aprendiendo que hay una diferencia entre la vulnerabilidad y la transparencia. *Vulnerabilidad* es la divulgación revisada y corregida de sentimientos personales o partes de nosotras. *Transparencia* es exponer las partes no editadas, no filtradas, poco favorables de nuestras vidas. Seré vulnerable para contigo en estas páginas, pero seamos honestas: es una versión editada de una muestra seleccionada de mis peores pensamientos y momentos. La vulnerabilidad es preciosa y útil, y puede servir para grandes propósitos, y es hasta donde podemos llegar con la mayoría de los conocidos, y por cierto, hasta donde podemos llegar en Facebook. Pero la transparencia es necesaria con las personas más cercanas a nosotros, y especialmente con Dios. Es la única forma en que podemos ser verdaderamente conocidas. Pero este es un pensamiento que nos causa temor y nos lleva a escondernos.

Nuestros nuevos escondites incluyen lugares como publicaciones en Instagram, una ropa moderna de marca, niños obedientes, una casa ordenada, un empleo importante. Pero sin importar lo que acomodemos de afuera, no podemos disimular nuestros ojos. Los ojos revelan mucho de nuestra alma, ¿y sabes lo que veo cuando miro a los ojos de las personas con las que hablo, gente como tú que está tratando de hacer y ser lo mejor que pueden?

Veo sed.

¿De qué tenemos sed?

La mujer del pozo estaba tan sedienta. Tenía sed de ser vista, de ser amada,

de ser recta ante la gente y ante Dios,

de estar completa.

Pienso en la sed que tendría, que esperó hasta el mediodía para juntar el agua, deseando no tener que irse, deseando no necesitar nada más, deseando no tener que salir de su escondite. Todas deseamos no tener que precisar cosas fuera de nosotras. Intentamos demostrar que no necesitamos a nadie más. Nos enorgullecemos de poder hacer las cosas solas, de salir adelante luego de una semana complicada sin haber tenido que pedir ayuda. Casi nunca nos damos cuenta, pero todas lo hacemos. Esta cita de C. S. Lewis nos ayuda a explicar el por qué:

Amar del todo es ser vulnerable. Ama cualquier cosa y tu corazón seguramente será estrujado y posiblemente, roto. Si quieres asegurarte de mantenerlo intacto, no debes darle tu corazón a nadie… Cúbrelo cuidadosamente con pasatiempos y pequeños lujos; evita cualquier enredo; guárdalo bajo llave en al ataúd o el féretro de tu egoísmo. Pues en ese féretro –seguro, oscuro, sin movimiento y sin aire– cambiará. No lo harán pedazos; se volverá irrompible, impenetrable, irredimible.[3]

Amar es ser vulnerables. Aun Dios nos creó para necesitar el agua y la comida cada unas horas, fuimos creadas para no ser autosuficientes. Nuestras necesidades y nuestra fe finalmente nos sacarán fuera de nuestro escondite. Entonces el agua que elijamos beber determinará si regresaremos al escondite o descubriremos cómo disfrutar nuestras vidas de nuevo, disfrutar de la gente y las relaciones otra vez, disfrutarlo a Él nuevamente.

Jesús nos llama a salir del escondite.

Nos llama a probar las aguas de vida, que fluyen y nos liberan, nos lavan y nos restauran.

Jesús dice: *"Permíteme ser todo en ti. Serás llena, te conocerán, y serás libre".*

Nuestro enemigo nos empuja hacia la cueva, para que no podamos disfrutar a Dios ni a las personas, y finalmente, no disfrutemos de nuestras vidas. Es muy difícil tratar de estar plenamente involucradas y presentes si no nos queremos a nosotras mismas y no queremos nuestra vida. Hay tantas razones posibles por las que puede no gustarte tu vida: heridas, remordimiento, agotamiento, demandas, conflictos. Algo como un encuentro con Jesús es suficiente como para cambiar todo eso.

Pero primero tienes que salir. Como la mujer del pozo, debes arriesgarte y exponerte.

Jesús se encontró con la mujer cuando ella se arriesgó a salir de su escondite. Luego expuso su vergüenza al mediodía, y esto podría haber sido lo peor de todo lo que había hecho, a menos que en realidad Él tuviera la respuesta a su mayor problema.

Maya nació y se crió en India. Creció en una buena familia y se casó con un hombre que sus padres creían que era bueno y respetable. La boda fue un hermoso evento, y su madre lloró de alegría.

Unos días más tarde Maya fue abusada físicamente. Con el tiempo sufrió una quebradura de cuello, una fractura en la columna vertebral, se le rompieron unos dientes y la mandíbula y otras cosas más. Con su trasfondo teatral, era habilidosa para enmascarar el dolor y el temor, pero no tenía paz, no dormía y no se sentía segura. Comenzó a sufrir desmayos. Al principio eran unos minutos nomás, pero luego los lapsos se extendieron.

Un día, su abusador le alcanzó el teléfono y le dijo: "Llama a tu padre. Cuéntale lo que te estoy haciendo". Ella le suplicó a su esposo que no le obligara a revelar su vergüenza. Sabía que saber sobre su dolor mataría a sus padres. Cuando el padre respondió, ella contó más tarde, "fue el momento más oscuro de mi vida".

En ese instante decidió escaparse. Se las arregló para huir a Bombay con algunas prendas y un poco de dinero. Para sostenerse, hizo algo de actuación callejera con niños de la calle. Los traficantes locales que abusaban y explotaban a los niños pensaron que la enseñanza de Maya estaba interfiriendo en sus negocios. Un día le dieron una paliza.

Ella volvió a escaparse.

Los desmayos continuaban, y al final terminó en una silla de ruedas, totalmente quebrada en cuerpo y espíritu. No podía hablar y no podía dejar de babearse. Desde su perspectiva "perdió todo vestigio de dignidad que le quedaba". Finalmente se reencontró con sus familiares, y ellos la ayudaron a recuperarse mucho.

En la actualidad Maya habla por medio de notas. Perdió la memoria aguda de una actriz de teatro que podía memorizar sus líneas. Pero cuando habla, habla de Aquel que la conoció, la miró, la amó a lo largo de todos esos días oscuros.

"Mi testimonio es este –cuenta–. Fue Dios, es Dios y siempre será Dios todo el tiempo. Como tú y todos los que están sentados en este lugar, yo quería que todo fuera fácil. Quería vivir una vida normal. Solo quería ser feliz. ¿Acaso ustedes no quieren ser felices?".

Luego continúa diciendo: "Tal vez Dios no deseaba algo normal para mí. Sí, tuve una historia terrible, pero Él está usando esa historia con la que todavía lucho, para llevarme a un lugar donde rescato esclavos de sus ataduras".

Ahora Maya lidera un equipo de International Justice Mission [Misión Justicia Internacional], la mayor organización mundial antiesclavista. Trabaja en una nación donde once millones de personas están en esclavitud, y ella y sus colegas han liberado a más de diez mil personas en su país solamente.

Compartió con valentía su testimonio en IF:Gathering 2016, y dijo: "Diez mil rostros y nombres que no hubiera conocido si mi vida hubiera sido normal y todo hubiese andado bien. Diez mil seres humanos con historias de dolor cambiado por esperanza".

Verla hablar con tanto valor en el escenario fue asombroso. "Sean la historia, hermanas. No permitan que la vergüenza del pasado las reprima. Vayan con gozo, con confianza, avancen con valor y coraje, y todo el dolor que las mantuvo retraídas y las alejó de hacer cosas. Salgan con un espíritu de amor, compasión y enojo justo contra la injusticia. Simplemente levántense y vayan".

A veces pensamos que Jesús es malo y desamorado cuando nos llama a salir de nuestro escondite, cuando expone nuestras fallas, quebranto y dolor. Pero nos llama a ser libres.

EL BANQUETE QUE DESEAMOS

Nada sabotea más nuestra identidad que el temor. El temor narra una oscura descripción de nuestras vidas, de lo que pensamos que somos. Nos dice que nos definen nuestros peores errores en vez de lo que dice Dios, o que nos determina nuestra imagen, en vez de la imagen de Aquel que murió por nosotros.

Satanás ama a una persona sola. Si puede aislarte, te hará creer lo que quiera.

Él desea que cierres tus oídos a la verdad y que vivas según sus mentiras, que creas que tienes que esconderte, que no eres suficiente. Desea que te concentres en ti misma y en tus problemas o en tu pecado, que no pelees por la gloria de Dios o por las almas. Anhela que vivas con miedo en este mundo en vez de mirar directo a una eternidad que por cierto está viniendo. Entonces te distraerá con Netflix.

Downton Abbey, para ser precisas.

¿Sabes una de los aspectos fascinantes de *Downton Abbey*? La familia no baja las escaleras muy a menudo, y los sirvientes no suben excepto para servir. Ellos seguramente no se sientan arriba de los muebles. En la jerarquía social de ese tiempo había una pared divisoria entre los ricos y los pobres, los que eran dignos y los que no.

Nuestro Dios vino para derribar los muros que dividen a la familia de los sirvientes. Nuestro Dios dice: *"Adivina qué. No estés en la planta baja en el cuarto de los sirvientes. Sube a la planta alta, sé parte de mi familia, y disfruta de todas las riquezas y la bondad de la vida que yo les doy a mis hijos".*

Este es tu valor, esta es tu dignidad, esto es quién eres. Por la eternidad. Ninguna circunstancia, ni persona, ni error, ni mentira en tu propia cabeza podrá robártelo. Es verdad. Puedes creer las mentiras del enemigo que te mantienen en temor y ocultándote en las sombras, pero ni por un segundo cambiará lo que es verdad.

Nuestra identidad está segura. Somos parte de la familia, pero tú y yo muchas veces dudamos de subir y disfrutarlo. Nos quedamos en el piso de abajo, escondiéndonos. Sabemos que en el cielo estaremos con Dios, en su mesa, y disfrutando de Él y de todo lo que tiene para nosotros.

Pero, por el amor de Dios, si podemos subir hoy y tener un banquete y disfrutar el estilo de vida Downton de la gracia, ¡yo quiero hacerlo!

Eres una hija de Dios, adoptada por el Rey, creada para ser —¿estás lista para lo que viene?— ¡una coheredera juntamente con Cristo! Es loco, ¿verdad? Una coheredera. Lo que sea que Cristo tenga en el cielo es nuestra herencia también. Asombroso. Esta es nuestra identidad. Dios está mirándonos y diciendo: *"Tú eres mi familia. Eres mi hija. ¿Por qué motivo te escondes en el sótano?".*

Cuando nos escondemos, nos subestimamos a nosotras mismas, desmerecemos nuestro valor, tenemos en poco nuestra fe en Dios.

Tal vez creas que estás invitada al gran banquete que hay en el piso de arriba, pero el temor, el sufrimiento, la presión y la vergüenza bloquean tu camino hacia la escalera. Sé que puede ser complicado, pero al igual que la mujer del pozo de agua, no podemos permitir que las circunstancias nos mantengan atrapadas en nuestra guarida.

Nada cambió ese día para la mujer del pozo. Sus circunstancias fueron las mismas. Su vergüenza debió haber sido la misma. Nada cambió. Salvo que todo cambió. Porque ahora tenía una nueva historia. Su identidad había cambiado en el pozo. Por causa de *Jesús*.

La mujer del pozo entró en una historia más grande. Ya no la definiría más su pecado ni su debilidad. Dios la definía ahora. No tenía nada que demostrar. En ese pozo, Jesús le dijo básicamente: *"Vine aquí para encontrarte, mujer adúltera. Para buscarte a ti, pecadora. Para tenerte a ti, la más quebrantada de la ciudad. La que se está escondiendo. Vine por ti. Le contarás a toda la ciudad acerca de mí. Te elijo para anunciarle salvación a esta ciudad".*

El Padre está buscando personas así para que lo adoren, y yo te elijo a ti.

Ella oye esto y hace algo impensado.

Corre hacia aquellos de quienes antes se escondía. Y no solo corre hacia ellos; corre contándoles su pecado. *Creo que el Mesías está aquí, y Él sabía mi pecado.* Ella lidia ahora con lo que siempre trató de ocultar.

¿Acaso está loca?

¿O ha cambiado? ¿O es libre? Mira, la razón por la que nos escondemos es porque no sabemos lo que es vivir siendo completamente perdonadas. No hemos sabido lo que significaba disfrutar de verdad nuestras vidas o correr entre una multitud sin sentir vergüenza, ni temor, ni culpa, sin tener que demostrar o probar nada, sin tener que hacer las cosas bien. Simplemente ser nosotras mismas. Con las increíbles noticias de un Salvador que cambia vidas.

Él nos cautiva con su perdón y su gracia, y nos hace absolutamente libres. No necesita que hagamos nada. No está aquí para ver un espectáculo. Solo tenemos que correr a Él. No tiene sentido y es desordenado, pero es fantástico y divertido, y se supone que debe ser así cuando el Espíritu nos está llenando de aquello que nuestra alma ha anhelado tanto.

Pueden conocernos cuando comprendemos que ya somos conocidas y que, por Jesús, hemos sido aceptadas. **No tenemos que seguir buscando lo que ya tenemos.** El agua viva que eternamente apaga nuestra sed nos está llenando. De hecho, Jesús dice que no solo nos está llenando, sino que brota de adentro de nosotras y se derrama. Las aguas de vida nos inundan cuando abrazamos nuestra identidad como hijas de Dios. Las aguas de vida brotan a borbotones y se derraman cuando no nos queda nada para demostrar ni nada para esconder. Dios está aquí, y ahora corremos libres y contamos lo peor de nuestras vidas porque somos perdonadas y hechas nuevas.

Si no mira lo que hizo por la mujer del pozo:

Ella pasó de la vergüenza y de esconderse a ser absolutamente conocida y aceptada.

Pasó de evitar a la gente a relacionarse con todos los que la rodeaban.

Pasó de tener sed de algo o de alguien que la llenara a estar completamente satisfecha.

Pasó de desperdiciar su vida en el pecado a cumplir el propósito dado por Dios.

Pasó de estar avergonzada a desbordar de gozo.

UNA DULCE Y ALOCADA LIBERTAD

De repente viene un cambio drástico. Todavía sucede hoy.

No mucho después de regresar de esa experiencia que cambió mi perspectiva en aquella cabaña de Canadá, me sorprendió una llamada telefónica. Era alguien a quien yo respetaba y me caía bien, pero cuando respondí el teléfono inmediatamente me saludó con un extremo desagrado.

Me senté paralizada, preparándome para mi típica caída en pánico. Pero fue diferente. Yo estaba bien.

Me había deshecho de ese sentido de lucha por estar a la altura y dar una buena impresión.

Y había aceptado mi insuficiencia y mi pecado. Había abrazado la arrolladora gracia de Jesús.

Algo había cambiado. La descarga de adrenalina de siempre para revertir la desaprobación de alguien, esta vez no estuvo presente. Como ella me llamó arrogante e imprudente, yo sentí como un puñetazo en la boca del estómago. Cada puño penetró, pero de cada golpe me compuse, y sentí una extraña paz y firmeza.

Le respondí con calma: "Lo sé. Tienes razón. Soy arrogante y a menudo poco sabia. Y lo siento mucho. ¿Me perdonas por la herida que te causé?".

Esa fue una dulce y alocada libertad fluyendo de mi conexión íntima con Dios.

Sin defenderme.

Sin esconderme.

Sin sentir vergüenza.

Sin huir.

Sí. Soy un desastre. Me descubrieron, y estoy bien porque fui perdonada. Hoy estoy más cerca de esa amiga de lo que estaba antes de su llamada. Es un movimiento contradictorio el sacar todo de adentro y ponerlo allí, pero ya nos descubrieron. Dios sabe que somos propensas a errar, y la mayoría de los días nosotras también lo sabemos. Qué divertido es no tener que enmascarar las cosas nunca más. En efecto, generalmente en la suciedad que nos hace humanas, en lo más profundo, es donde las mejores partes de la vida y la esperanza echan sus raíces.

Un repentino, drástico y asombroso cambio.

El fin de simular y de protegernos.

El comienzo de una conexión que nos devuelve la vida.

Me recuerda a un episodio de la serie *Friends*, donde Phoebe nombra a gritos las fallas de sus amigas. Dice que Mónica es muy costosa de mantener y que Rachel es una miedosa. Las amigas se enojan y se van a almorzar sin ella, como venganza. Más tarde, se acercan a Phoebe. Rachel le dice: "Nos da mucha pena decirte esto, pero tú, Phoebe, eres impresentable". Mónica agrega: "Ajá". Pero en vez de defenderse, Phoebe echa la cabeza hacia atrás y se ríe. Y dice: "Es cierto, soy impresentable".

Es tan refrescante admitir nuestras debilidades, en vez de defendernos y cubrirlas.

Sé que es aterrador que descubran nuestro quebranto. Pero más aterrador que ser descubiertas es estar solas en la oscuridad con todo nuestro orgullo intacto. La sanidad y la plenitud se encuentran solo cuando entramos en las corrientes del perdón, de la intimidad, de la conexión.

Métete en el agua.

GUÍA DE EXPERIENCIAS

PERMANECE QUIETA

Enemiga mía, no te alegres de mi mal.

Caí, pero he de levantarme;

vivo en tinieblas, pero el Señor es mi luz.

He pecado contra el Señor,

así que soportaré su furia

hasta que él juzgue mi causa

y me haga justicia.

Entonces me sacará a la luz

y gozaré de su salvación.

Miqueas 7:8-9

¡Es tiempo de ser descubierta porque es tiempo de que vivas libre! Te da temor, pero la gracia de Jesús y la libertad te esperan del otro lado.

Todas vivimos con una honda necesidad de ser completamente conocidas y plenamente amadas. Nadie lo hace de manera perfecta en la tierra, pero si no corremos el riesgo de ser vulnerables, nunca nos acercaremos a ser conocidas y amadas de verdad. ¡Arriésgate!

ENTRA EN LA CORRIENTE

¿Qué es lo que estás ocultando? Puede ser que sientas que no es algo demasiado grande pero todas escondemos pecado, mayormente de nosotras mismas. Pídele a Dios que te muestre cualquier motivación impura o cualquier pecado del que no te hayas dado cuenta.

MÉTETE MÁS PROFUNDO

Aun más aterrador es pensar en confesárselo a alguien. Pero es parte del ser libres. Habla del pecado que estás escondiendo con una persona confiable, alguien que muestre compasión y gracia. Recuerda que no estás sola. Alrededor del mundo, miles de mujeres también están haciendo lo mismo.

SACIA TU SED

Reúne algunas amigas, personas seguras que han demostrado su amor por ti a lo largo del tiempo, y haz una fogata en una chimenea.

Cuando se sienten alrededor del fuego, cuéntales tu historia, incluyendo las partes en que has metido la pata. Diles que quieres que sepan los errores que has cometido y la gracia que ahora estás experimentando. Mira lo que ocurre. Te apuesto a que estarán en torno a ese fuego un rato largo, y apuesto a que tu sinceridad iniciará un efecto dominó, dándoles a las otras permiso de hablar sobre su pecado. Oro por ustedes que con tanta valentía llegan a este punto.

EL DESBORDE

Escribe una nota de agradecimiento a una amiga que ha sido vulnerable contigo, y dile cómo eso impactó tu vida.

7

No más cansada

El sol era brutal. Después de días de caminar, predicar, sanar, estábamos exhaustos y paramos para descansar cerca de la montaña. Pronto pudimos ver cómo una multitud nos seguía.

Francamente, yo estaba teniendo mis dudas de continuar con Jesús. No podía negar que Él era diferente a todos los rabinos que había visto. Por un lado, ningún otro rabino hubiera considerado ser acompañado por el grupo que Jesús eligió como sus discípulos. Nuestra atípica pandilla conformada por pescadores, recolectores de impuestos, comerciantes e inadaptados sociales no se veía exactamente como material religioso.

Esa era en parte la razón de mi duda. Dejé atrás todo lo que era cómodo, lo conocido y lo que sabía hacer bien. En el camino con Jesús, siempre sentí que no tenía lo suficiente para la tarea que había que cumplir. Me gusta estar en control. Me gusta tener lo que necesito. Me gusta ser el experto. Me gusta saber qué esperar.

Mis pensamientos errantes fueron interrumpidos cuando Jesús me miró y me hizo una pregunta. Me congelé. Obviamente me estaba probando. Miles de personas se acercaban a nosotros y ¿Jesús quería que los alimentara? *¿Es un chiste? No puede estar hablando en serio.*

Pero sí lo estaba.

Y me estaba mirando a mí, en espera de una respuesta. No podía respirar. Busqué su mirada pero no encontré una pista de qué es lo que tenía que hacer. Examiné a mi alrededor. No había mercados o casas, y si hubiera habido, teníamos muy poco dinero. Era imposible. No podía entender qué era lo que Jesús requería de mí. El rabino con frecuencia nos enseñaba verdades al hacernos preguntas, siempre sorprendiéndonos y cambiando la forma en que pensábamos y vivíamos. No podía adivinar qué verdad tenía en mente ahora.

—Jesús —dije al fin—, ni con el salario de ocho meses podríamos comprar suficiente pan para darle un pedazo a cada uno.

Sonrió y asintió y miró alrededor para ver si alguien más tenía la respuesta que Él obviamente estaba buscando.

No pude evitar reírme cuando alguien dejó un par de peces y pedazos de pan delante de Él. Pero Jesús nos pidió que hiciéramos sentar a la multitud. Nos apuramos, sin saber qué esperar. Después de que todos se sentaron en el suelo, Jesús cerró sus ojos y agradeció al Padre por lo que estaba por ocurrir, luego partió la comida y la puso en unos cestos.

Cuando levantó su cabeza, empezamos a distribuir los cestos de comida.

Nunca llegamos a terminar los alimentos, y las personas seguían comiendo mientras que los cestos continuaban llegando. Después de que hubieron comido todo cuanto quisieron, recogimos los restos. Ahí quedamos de pie sosteniendo doce cestos que desbordaban de pan.

Era demasiado. Seguir a este hombre hacía que cada pensamiento racional mío pareciera una tontería. Él vivía consciente de un mundo que yo apenas creía que existía. Un mundo donde todo lo que necesitamos está disponible en abundancia, y un Padre amoroso que está listo para derramarlo en nosotros mientras hacemos su obra aquí.

Estaba cansado de ver solo lo que estaba enfrente de mis ojos. Quería ver lo que Jesús ve. Quería dejar de perder tiempo en las preocupaciones cotidianas. Quería descansar de la manera que Él descansa. Mientras miraba los cestos, supe que esa era su forma de ayudarnos a conseguir exactamente eso.

La corriente del descanso

Un día, agotado de enseñar a la multitud, Jesús con sus hombres se subieron a un bote, y se desató una violenta tormenta. Jesús estaba durmiendo cuando el viento y la lluvia amenazaban con dar vuelta el bote. Mientras que los discípulos entraban en pánico, ¡Jesús dormía pacíficamente![1] En mis estudios sobre Jesús no puedo encontrar que se haya preocupado ni una sola vez. Ciertamente Él se interesaba por la gente a la que amaba y por los problemas de su época, y mientras enfrentaba a la muerte tenía miedo. Pero nunca perdió energía con la duda y preocupación. El espíritu de Jesús era manso, imperturbable, tranquilo interiormente, sea que estuviera enfrentando la muerte o que cinco mil personas necesitaran su ayuda.

Muchas veces los discípulos estaban abrumados, pero Él tenía paz.

¿Qué sabía Él que ellos no sabían, y que nosotras no sabemos?

Ese día al lado de la montaña, Jesús le dijo a Felipe: "¿Cómo vamos a alimentarlos?". Según Juan, dijo esto para probar a los discípulos.[2] He leído la historia de Jesús alimentando a los cinco mil muchas veces y la escuché en la escuela dominical. Pero hasta mi reciente estudio de Jesús, nunca había notado que estaba probando a Felipe. Él quería cambiar la perspectiva de los discípulos sobre lo que significa liderar y amar a las personas. Creo que la mayoría de nosotras habría fallado la prueba.

Yo me identifico completamente con los discípulos en su pánico agotador y preocupación. En ocasiones he arrastrado mucha ansiedad, preocupaciones obsesivas agolpadas en mi pesada mochila, y no solo los problemas grandes y densos como el sufrimiento y el liderazgo. Cada mañana de mi vida me levanto con muchas personitas subiendo la cuesta, directo hacia mí, queriendo sus cereales, sus almuerzos empacados, y el desayuno listo; después llegan de la escuela con todos sus amigos, que pueden comer como si estuvieran en una carrera de velocidad en medio minuto, y enseguida ya es la hora de pensar en la cena.

Ya sean bocas físicas que hay que alimentar o la presión de desear internamente con todo mi corazón hablarle a la gente de Jesús, pareciera que nunca me escapo de las personas que necesitan de mi ayuda. ¿Te identificas conmigo?

Quiero hacerte una pregunta:

¿Estás cansada?

¿Estás cansada físicamente? ¿Espiritualmente? ¿Emocionalmente? ¿Tal vez todas las anteriores?

Quiero que elijas solo una. ¿Dónde estás más cansada?

¿Ya sabes? ¿Por qué estas cansada?

Creo que todas estamos cansadas. Y no siempre debiera ser así. Con frecuencia no recordamos la verdad de Dios, la inmensidad de sus recursos y su fuerza.

Aquí están las preguntas conocidas que se hicieron los discípulos aquel día, y nos hacemos nosotras en este punto de nuestro peregrinaje.

¿Soy suficiente? ¿Hay suficiente?

¿Es Dios suficiente?

Al igual que el discípulo Felipe, muchas veces nos quedamos paralizadas porque miramos nuestras vidas y tememos que no sea suficiente.

¿Se supone que estemos así de cansadas y derrotadas?

¿Qué es lo que Dios puso en tu interior para que hagas por Él, y qué es lo que te detiene? ¿Qué es lo que te frena de dejar este libro y enloquecer absolutamente por obedecer a Dios sin importar lo que Él pida, por completo? ¿Qué es lo que te lo impide?

¿Cuál es la voz en tu cabeza? ¿Qué es lo que escuchas? Dilo. ¿Es el rechazo? ¿El miedo al fracaso? ¿A desilusionarte? ¿A ser incapaz? ¿Estás cansada de tratar de resolver todo eso? Dios no está esperando que lo resuelvas. Él quiere moverse en estas debilidades.

Gracias a que Dios es suficiente y tiene suficiente, podemos descansar.

Esto es contradictorio. El mundo dice que la forma de ser segura es creer en una misma. Entonces, seguimos dependiendo de nuestros recursos para demostrar que tenemos lo que se necesita. Pero los cristianos saben que el camino a la seguridad y a la paz es creyendo en Jesús y en lo que Él provee.

UNA ESPERANZA IMPOSIBLE

Ve a mi Instagram y prepárate para enamorarte de mis maravillosos niños. Desplázate hacia abajo. Mi hijo menor, Cooper, ahí está, hay demasiadas fotos de él. Todos piensan que lo quiero más que a mis otros hijos porque aparece más que los demás, pero él es el que siempre me deja tomarle una foto.

Cooper fue abandonado cuando era bebé y nunca conoció a sus padres. Por causa de unas complicaciones con sus papeles, mi hijo no encontró una familia en sus primeros años de vida. Para el momento en que lo fuimos a buscar, él era el niño más grande de todo el orfanato. Eso significa que cada uno de sus amigos, en los casi cuatro años que estuvo ahí, fue adoptado mientras que él se quedó. Cooper veía cómo una mamá y un papá venía a retirar a cada uno de los amigos que tenía. Pero nadie venía a buscarlo él.

Un día, cuando ya estaba en casa, le pregunté:

—¿Pensaste que alguna vez vendríamos?

Su respuesta me sacudió:

—Sabía que ibas a venir, mamá.

Entonces, ¿por qué un niño de cuatro años creería que sería adoptado? Coop no tenía ningún motivo para creerlo. Nadie le había dicho: "Te van a adoptar". Ni tampoco lo miraron a los ojos y le dijeron: "Tu mamá y papá están viniendo". Nunca le dijeron que tendría una mamá y un papá hasta el día en que estuvimos en el orfanato. Nos conoció un minuto después de que se enteró de que tendría una mamá y un papá. Sin embargo, fue como si nos hubiera estado esperando, como si supiera que estábamos viniendo y ahora estábamos ahí.

Y créeme cuando te digo que tuvimos que dar muchas respuestas en los años siguientes en cuanto a por qué no fuimos un poco más rápido. Siempre le digo: "Amor, hubiera cruzado el océano a nado si eso hubiera sido suficiente para traerte antes". No tiene mucha paciencia cuando trato de explicarle del gobierno y los papeles.

Las historias acerca de mi hijo en el orfanato en esos cuatro años que esperó son legendarias. Cada visitante del orfanato que lo conoció se acuerda de él. Nos cuentan que era alegre, salvaje e inteligente. Incluso compartía con los niños más pequeños las golosinas que ocasionalmente recibía. Él separaba a los niños en las peleas. Era un líder, un niño fuera de serie.

Él veía cómo cada nuevo amigo, de pronto, conseguía una familia, mientras él seguía esperando. ¿Y por qué era feliz entonces?

Coop tenía esperanza. Tenía una visión. Tenía una imagen de una mamá y un papá que iban a buscar a niños pequeños del otro lado de la puerta azul de su casa para huérfanos. Había visto un camión que se llevaba a sus amigos a un mundo con una mamá, papá, hermanas y hermanos. Ni siquiera sabía lo que era una mamá y un papá, excepto que traían juguetes, jugos y zapatos nuevos (ama los zapatos), y llegaban en un automóvil al que él siempre quiso subirse. De alguna forma esa visión, ese destello, esa esperanza fue suficiente mientras esperaba.

Él pensaba: *Apuesto a que esto va a pasarme un día. ¿Por qué no?*

Si tú y yo pudiéramos aferrarnos de una visión clara y de la esperanza de un hogar seguro y de un Dios que viene por nosotras, creo que nuestros corazones temerosos y autoprotectores hallarían descanso y quietud.

¿Por qué luchamos para creer que Jesús ha venido por nosotras?

¿Por qué seguimos perdiendo enfoque con distracciones y adicciones?

¿Por qué frenamos todo lo que Dios quiere de nosotras?

Incluso si algo estamos haciendo, ¿por qué con tanta frecuencia nuestros corazones se sienten desalentados, maltratados y cansados? ¿Por qué, si realmente creemos que el cielo está viniendo y no está lejos?

Si revisas las tres historias que hemos leído sobre Jesús, verás algo que surge con claridad. Este tema trae un canto de esperanza en mi alma cansada mientras desesperadamente me acerco a Jesús para recibir una nueva manera de vivir. Esto es lo que Él me grita desde las páginas de las Escrituras:

Yo hago más de lo que se me pide por mi pueblo, mi Reino.

El vino. Vuelve al vino. ¿Viste cuando te dije cuán grandes eran las vasijas? Te di el tamaño de ellas, exactamente la cantidad de litros que pueden llevar, para mostrarte que nunca jamás se acabarían.

La mujer en el pozo. Fue a llenar su vasija para beber un trago de agua. Yo fui claro. "Tengo el agua que nunca se acaba. Nunca tendrás sed si bebes del agua que yo tengo". Abundancia. Plenitud.

Los peces y los panes. Yo sabía cuántas personas había y cuánto iban a comer, y me aseguré de que cada uno de mis doce discípulos se quedara con un cesto lleno, para mostrarles, para mostrarte, que actúo en abundancia.

Eres suficiente y tienes suficiente PORQUE YO SOY SUFICIENTE.

Así es como nuestro Dios actúa, pero hemos funcionado con una mentalidad de escasez. En lugar de confiar en su abundancia, intentamos ser suficientes y tener lo suficiente como si no hubiera suficiente. Y estamos exhaustas de tratar de hacer todo esto solas.

NO SE TRATA DE NOSOTRAS

Yo me he movido creyendo que no hay suficiente. Sintiéndome apurada porque no hay suficiente tiempo, ansiosa porque el trabajo es mucho y no hay suficiente ayuda, inquieta porque no estoy haciendo lo suficiente, impaciente porque no hay suficiente dinero, preocupada de que no haya suficiente espacio para lo que quiero crear, y luego si lo hago, que no sea lo suficientemente bueno para ser digno de ese espacio.

Tal vez tienes un sueño dado por Dios, miras a tu alrededor y ves a otras personas haciendo algo parecido, y eso te desalienta. Podrías ver a Dios actuar con milagros extraordinarios en tu vida si dejas de mirar a los costados y, en su lugar, consideras las cosas buenas que están justo enfrente tuyo. Pero miras a los costados y dices: "Alguien más lo está haciendo; se llevaron mi sueño".

Dios debe estar pensando: *¿Estás bromeando? ¿Viste el planeta? Hay cerca de siete mil millones de personas. El mundo es muy grande. Hay lugar para todos, si yo los he llamado. Hay necesidad en el mundo. ¡Hazlo! Realmente tengo suficiente favor, dones, talentos para que logres los propósitos que te he dado.*

Jesús quería que su pueblo, que nosotras, cambiemos la forma en que vemos nuestras vidas y modifiquemos nuestro punto de vista acerca de cómo Dios se mueve y actúa. Por eso, empezó la alimentación de los cinco mil con una prueba. Quiso mostrar los límites de la fe de los discípulos, para luego romper esos límites, a fin de dejar a los que estaban llenos de duda con las sobras de su suficiencia extraordinaria.

En la eternidad pasada Dios planeó, *"voy a crear suficiente comida para la cantidad de bocados que cada uno de estos seres humanos va a comer. Y luego voy a dejar exactamente doce cestos llenos para cuando terminen".*

¡Ese es un milagro impresionante! ¿Puedes imaginarte a esos hombres parados, cada uno sosteniendo un cesto lleno? Seguramente se miraban entre ellos preguntándose: "¿Queeeé?".

Su perspectiva cambió de ver lo que no tenían a percibir todo lo que Dios tiene.

Dios tenía un mensaje para los discípulos mientras estaban ahí parados con sus cestos sobreabundantes: "Con Cristo todas las cosas son posibles. Cuando intentas resolver problemas humanos con recursos humanos en tu fuerza humana, nunca es suficiente. Sin embargo, si quieres seguirme a mí y trabajar conmigo, yo voy a suplir las necesidades más profundas a tu alrededor y a través de ti con un sinfín de recursos y una fuerza sobrenatural, todopoderosa".

Entonces, ¿qué es lo que está frenando al Espíritu de Dios para moverse de manera milagrosa en nosotras? Yo sé qué era lo que me frenaba: el miedo. Me rehusaba a sacrificar el ídolo de las opiniones de otros. Tenía tanto miedo de los pensamientos ocultos de las personas.

Anoche conversé con una amiga que estaba luchando con la tensión entre el llamado de Dios sobre su vida y lo que pensará la gente si ella se arriesga y obedece. Y su miedo era parecer que se autopromovía. ¡Ah, yo entiendo eso! Ese era mi miedo también. Por eso no hice nada.

Como si el propósito al cual Dios nos llamó tuviera algo que ver con nosotras. Como si nuestra reputación importara tanto como para dormirnos en nuestros dones, entrenamiento y sueños que podrían realmente ayudar a las personas y hacer que Dios fuera conocido en este mundo.

Pienso en Moisés, cuando Dios le pidió que participara en la liberación de su pueblo. Dios dijo: *"Mi pueblo está en esclavitud y quiero librarlo y llevarlo a la tierra donde fluye lec*he *y miel"*.

Y todo lo que se escuchó de Moisés fue: "¿Yo? ¿Me quieres a mí?". Después Dios y Moisés dieron vueltas y vueltas hablando de lo inadecuado que Moisés se sentía. Pero el plan de Dios nunca se trató de Moisés. Dios dijo que Él haría la obra.

Dios solo iba a liberar a su pueblo del yugo.[3]

No estoy escribiendo esto porque haya visto este problema en los demás; he visto esta incredulidad en mí misma. He sentido este miedo proyectado sobre mí hoy.

Hoy le envié un texto a Zac mientras me disponía a escribir y le dije: "No sé si soy buena en esto o si debería estar haciéndolo. Estoy dejando a los niños para escribir sobre Jesús y ni siquiera sé si soy adecuada para esta tarea".

Le envié ese mensaje, *hoy*.

Y como siempre me lo recuerda: "Jennie, esto no se trata de ti. Esto no es para ti. Dios cumplirá *su* obra para liberar a *su* pueblo".

Como Moisés, empezamos a creer que, como no somos adecuadas, no deberíamos hacer lo que Dios nos llamó a hacer. Y limitamos la obra de Dios a través de nuestras vidas porque pensamos que se trata de nosotras, de nuestras habilidades, nuestros recursos.

Pero nunca se trata de nosotras. Siempre se trata del pueblo sometido y hambriento a quien Dios quiere liberar.

¿QUÉ ES LO QUE TE DETIENE?

Considera esas cosas que te detienen, cuando dices que no tienes suficiente. ¿No tienes suficiente talento? ¿Dinero? ¿Tiempo? ¿Espacio? ¿Creatividad? ¿Personalidad? ¿Qué necesitas?

Ahora, quiero que te imagines las calles del cielo. Que veas tantas calles como puedas, y cada una llena de almacenes, todos los que puedas ver.

Simplemente quiero que imagines todo lo que Dios tiene y todo lo que Él quiere hacer.

Luego aterrizas en el cielo con Él. Te mira a los ojos y dice:

—*Quise hacer locuras contigo. Quería cambiar tu vecindario, tu ciudad. Pero tú seguías yendo a tu habitación a mirar Netflix.*

Tú respondes:

—Yo no tenía lo suficiente. No era bastante talentosa para cumplir ese sueño, Dios.

Él dice:

—*Ven aquí. ¿Ves ese camino? ¿Ves el final? ¿No? Ese es mi camino y todos esos almacenes tienen dones. Y en esa calle allá arriba, esos son los infinitos depósitos con dinero. Y esa que está ahí contiene más visión de la que puedas imaginar. Todo esto era mío y quería derramarlo a través de ti.*

También esperaba equiparte con todo lo que necesitaras para lograr aquello que alguna vez dispuse.

—Pero conoces mi pasado. Cometí muchos errores. Me equivoqué una y otra vez. Ni siquiera hubieras querido que hablara de ti.

Él dice:

—*Permíteme mostrarte algo. Conoce a mi Hijo. Mira sus manos. ¿Sabes por qué pasó por eso? Para liberarte. Para que puedas librar a otros. Porque fuiste tan perdonada, te quería especialmente hablando de mí.*

Nuestro Dios está esperando derramarse en nosotras y en este mundo, pero lo frenamos. Pensamos que es limitado, que solo elige personas especiales para equipar o bendecir. Te voy a contar un secreto: no existen las personas especiales. "¡Ay! ¿Verdad?". Puede ser que ahora estés destruida, porque creciste pensando que eras un copo de nieve muy especial.

Pero la verdad es que eres tan humana y estás tan dañada como las demás, y dada una serie de circunstancias diferentes todas podríamos estar en la cárcel.

No estamos solas en esto de querer ser especiales. No es algo de nuestra generación. Los intentos inducidos por el ego son todo un tema que abarca la historia de la humanidad desde la creación. Miremos a los primeros seres humanos. ¿Por qué pecaron Adán y Eva? ¿Por qué comieron lo único que Dios les había dicho que no comieran? Porque querían ser como Dios. Querían ser especiales. Adelantémonos y veamos a sus hijos, Caín y Abel. Caín mata a Abel. ¿Por qué? Porque estaba celoso de su hermano. Más tarde, la primera civilización de personas construye una gran torre porque intentan ser importantes.

Este es un tema que se repite desde el principio.

Encajamos muy bien en la historia, con toda la humanidad. Queremos ser excepcionales y especiales. Entonces nos pasamos la vida intentando demostrar que somos más especiales que los demás, a veces usando a Dios para lograrlo. Queremos milagros en nuestras vidas, pero los queremos a nuestra manera, con nuestros términos, con nuestra fuerza y para nuestra gloria. Así que forzamos su voluntad para nuestras vidas y con frecuencia lo hacemos en el nombre de Dios.

Y Él dice: *"No, así yo no actúo. En realidad, cuando te conviertes en nada para que yo sea todo, puedo hacer grandes cosas a través de ti".*

Hacemos algo tan complicado de Dios y de complacerlo a Él. Pero poco después de que Jesús alimentó a los cinco mil, la gente le preguntaba: "¿Qué debemos hacer para agradar a Dios?".

Ya sabes lo que dice: *La obra del Reino es creer en aquel a quien él envió.*[4] No necesitas un poder especial. Ya lo tienes. Eres una hija de Dios llena de su Espíritu.

¿Quieres saber por qué estamos tan cansadas? Porque no le creemos a Dios. Aparte de encontrar tu identidad en Cristo no hay ningún recurso en tu esfuerzo. Él es tu suficiencia, y en la medida en que creas eso dejarás de esforzarte, dejarás de trabajar, dejarás de intentar demostrar algo.

Me agrada este versículo en Isaías: *"En el arrepentimiento y la calma está su salvación, en la serenidad y la confianza está su fuerza".*[5] Es en nuestro descanso y confianza que Dios nos rescata. Sin embargo, nos esforzamos y trabajamos duro para Él.

¿Adivina lo que tiene que hacer una persona que está siendo rescatada? Confiar en el rescatista y cooperar en el proceso. Tú y yo no tenemos que ser las heroínas que salvan al mundo. Simplemente podemos ser parte de la historia del Héroe más grande de todos los tiempos. Estas son buenas noticias, porque ser el héroe es mucha presión y demasiado trabajo.

Puedes descansar porque sabes que Dios es quien te está rescatando a ti y a los demás. Si Dios nos ha rescatado, ¿quién podrá venir y separarnos de Él? Podemos descansar.

No somos esclavas, somos hijas de Dios por las que envió a su Hijo para rescatarnos. Él nos ama y quiere moverse en lo oculto con nosotras. Quiere alimentar a los hambrientos que vienen por la colina. Pero, mientras sigamos luchando e intentando hacerlo por nuestra cuenta y tratando de conseguir suficientes recursos propios para arreglar el problema, seguiremos estando cansadas, irritables y resentidas.

La maravillosa alternativa para esto es creer que nuestro Dios se mueve de maneras milagrosas. Podemos recostarnos, orar, partir el pan que se nos dio, y observarlo a Él suplir necesidades en abundancia. Podemos confiarle nuestros seres queridos, y rendirle nuestros planes y gloria. Podemos amarlo porque es grandioso, y estar con Él porque no hay mejor lugar en la tierra que al lado de nuestro Padre amoroso y bueno.

Podemos cambiar la lucha por el descanso, por la seguridad. No seguridad en nosotras mismas, sino en el poder de un Dios tenaz y valiente, ansioso por rescatar.

¿Sabes qué usa Dios a menudo para ayudarnos a que veamos nuestras insuficiencias?

La necesidad.

Pienso en lo inadecuada que me sentí cuando conocimos a nuestro Cooper en Ruanda. Él tenía problemas de salud, no hablábamos su idioma, y nunca me sentí más incapacitada para una tarea. Pero él no tenía otros padres en el mundo. Estaba en un orfanato del tercer mundo con una panza hinchada. Yo estaba dispuesta. No era adecuada, pero ¿cómo me iba a ir? Tomé más conciencia de mi necesidad de Dios en los meses siguientes que en todos los años anteriores.

Así es como practicamos el descanso y la confianza: cuando vemos una gran necesidad delante, nos olvidamos de nosotras y caemos de rodillas, pidiéndole a Dios que nos ayude a suplirla. Ah, cómo tenemos que dejar de apoyarnos en nosotras mismas.

Una de las razones por las que nunca, hasta ahora, había hablado públicamente sobre el desorden alimenticio con el que luché desde joven es porque todavía detesto lo egocéntrica que me volví. Siempre estaba pensando en la próxima comida; lo que comería y lo que no. Siempre estaba pensando en mí y en cómo no era capaz. Parte de la enfermedad en nuestra pelea con la suficiencia es que cambia nuestro enfoque de la necesidad a nosotras; de la gente a nosotras; de Dios a nosotras.

La sanidad comenzó en mí cuando la necesidad de otro ser humano se convirtió en una lucha. Mientras que sabía que había un grave problema, y muchos amigos se preocupaban, me volví muy buena en no mostrar lo obsesiva que me había convertido. Aunque Zac notaba que yo estaba muy obsesionada con lo que comía, no creo que haya sabido que tenía un desorden alimenticio. El regalo y la libertad de Dios empezaron cuando descubrimos con Zac que estábamos embarazados de nuestro primer hijo.

Con un niño creciendo dentro de mí yo sabía que necesitaba comer y preocuparme por ese bebé. La transición de amar y cuidar a otro ser humano más que a mí misma cambió mis valores y mis prioridades, quitó la mirada de mí misma. No me sané de la noche a la mañana, pero fue el principio de mi sanidad física y emocional.

Mientras estemos en internet en lugar de andar por nuestro vecindario, o miremos las revistas en vez de mirar a las personas a los ojos, o nos metamos en nuestros problemas en lugar de los problemas de nuestras comunidades, siempre nos sentiremos inadecuadas y limitadas. Empezamos a sentir que hay tantas personas haciendo grandes cosas que ya no nos necesitan. Pero en el mundo real, ninguna de esas fascinantes personas viven en nuestra calle, ninguno de ellos está amando a tus vecinos. Dios quiere hacerlo a través de ti.

Así que da el primer paso hacia el sueño que Dios puso en tu vida. Da ese primer, riesgoso, indefinido paso en obediencia. Y cuando lo hagas y Dios cumpla, te reirás y querrás dar otro. Llama a ese vecino que has querido cuidar mejor, inscríbete en esa clase de arte en tu comunidad, cuéntale a tu amigo la idea de ese emprendimiento con la que has estado jugando, manda un correo a esa agencia de adopción. Da un paso.

TÚ LO TIENES A ÉL Y ÉL TE TIENE A TI

Ver la necesidad y saber que solo Dios puede suplirla hace que corramos con absoluta seguridad; esto significa que podemos descansar en lugar de pelear. Cuando Jesús nos promete descanso, casi siempre está hablando del *descanso del alma*. Es por eso que la mayoría de los medios que usamos para descansar en realidad provocan que nuestro interior sea más caótico. Mirar televisión, dormir, Facebook, todo es poco, porque nada excepto Jesús puede traer descanso a nuestro caos interior. Al encontrar nuestra identidad en Él, las corrientes de confianza entran en nuestra alma y nos facultan para movernos creativa y deliberadamente por esta vida y, de alguna manera, descansar y disfrutar de ello ¡mientras hacemos obras grandiosas, eternas, que transforman al mundo, y que son sobrenaturales!

Nuestra seguridad viene de creer que Dios puede hacer cualquier cosa, y luego dar un paso atrás y dejarlo a Él obrar.

Estamos intentando realizar la obra de Dios sin Dios.

Empecemos a hacer las cosas *con* Dios en lugar de *para* Dios.

Hoy Él está diciendo: *"Solo pregúntame. ¿Estás a mi favor? ¿Estás construyendo mi Reino? Solo pregunta. Yo estoy contigo. No tienes que preocuparte".*

¿Sabías que *ni una sola vez* Él dejó de cumplir sus promesas? Realmente es bueno y siempre nos da suficiente. Pero, generalmente, nos da la porción para ese día, nuestro pan diario con un pequeño excedente arriba, para lograr una buena medida y hacer crecer nuestra fe. Mañana, la multitud tendrá hambre otra vez. Cada día trae necesidades nuevas, nuevos desafíos, nuevos problemas y cada día Él abre nuevas panaderías. Hay más que suficiente, pero Dios quiere que sigamos viniendo a Él para recibirlo.

Coop ha estado en casa lo necesario como para dejar de preguntarse o preocuparse si lo vamos a enviar de regreso a África, aunque ese tema surgía bastante al principio. Ahora se acuesta y se preocupa de cosas como su partido de *lacrosse* del día siguiente.

Se inquieta por su equipo, si perderá. Se preocupa porque él no juegue bien.

Mientras expresa sus preocupaciones antes de orar juntos, ¿sabes lo que se cruza por mi cabeza? *Te tengo.*

Se preocupa de no tener todo el equipamiento para el juego. Y yo le digo… *¿Sabes qué? Cada cosa del equipo vas a estar ahí lista para ti. ¿Sabes por qué? Porque te tengo.*

Luego si se preocupa de perder algo de su equipo, *¿Sabes qué, amigo? Tu nombre está en cada parte de ese equipo. ¿Sabes por qué? Porque te tengo.*

Más tarde si se preocupa de que nadie vaya a alentarlo: *Ey, ¿sabes qué? Voy a sentarme para mirarte y alentarte. Papá va a estar ahí y tus hermanas y hermanos. Y ¿sabes qué? Vamos a comer después, sea que pierdas o ganes. Porque te tengo. Porque te amo. Te adoro y voy a cuidarte.*

Tenemos tanto miedo de que no habrá suficiente, pero tenemos un Dios que nos tiene a nosotras. Cuando los discípulos despertaron a Jesús en medio de la tormenta, temían perder la vida. Adivinen lo que Jesús hizo. No los castigó. Le dijo a la tormenta que cesara. Él nos tiene.

En ocasiones las corrientes de agua viva que Jesús nos prometió son calmas y refrescantes mientras nos sentamos con Él. Otras veces, el agua corre rápidamente y se convierte en un recurso para dar de beber a un mundo sediento. Lo que sucede con Cristo es que sabemos que las corrientes nunca se secarán.

Oro para que captes una vislumbre de un Dios que te ama, que quiere estar en el desastre contigo, que nunca te abandonará, que está de tu lado, que tiene todo lo que necesitas, incluso –no, especialmente– en los peores días. Oro para que descanses a orillas de la corriente y a pesar de la corriente.

Oro para que no solo descanses en tu provisión eterna como parte de la familia de Dios, sino también en las provisiones cotidianas que Él ya sirvió en cada mesa que mires.

Él te tiene. Y puede llevarte a comer afuera después del partido.

GUÍA DE EXPERIENCIAS

CALMA

Al que puede hacer muchísimo más que todo lo que podamos imaginarnos o pedir, por el poder que obra eficazmente en nosotros, ¡a él sea la gloria en la iglesia y en Cristo Jesús por todas las generaciones, por los siglos de los siglos! Amén.

Efesios 3:20-21

Imagina lo que podría llegar a pasar si realmente confías en la provisión y en la bondad de Dios. Así como tengo a Cooper y suplo sus necesidades, Dios nos tiene a nosotras y tiene planes increíbles para nuestras vidas. Qué desperdicio si llegamos al cielo y nos damos cuenta de que todos estos años podríamos haberlos pasado confiando en la abundancia de Dios en lugar de temer que no proveería.

ENTRA EN LA CORRIENTE

- En una escala del 1 al 10, ¿cuán preocupada estás hoy?
- Nombra lo que más te preocupa ahora.

MÉTETE MÁS PROFUNDO

Sueña un poco. ¿Qué harías si nada te detuviera?

- Identifica el sueño y da un paso hacia él.
- Cuéntale tu sueño a alguien.
- Comprométete a orar por ese sueño.

SACIA TU SED

Invita a almorzar a una mujer que ame a Jesús y que sea mayor que tú. En la conversación, hazle estas preguntas:

- ¿Cómo viste que Jesús fue fiel en tu vida?
- ¿En qué ocasión Dios te proveyó en abundancia, incluso cuando dudaste que pudiera hacerlo?
- ¿Qué le dirías a tu yo más joven?

EL DESBORDE

La próxima vez que estés con una buena amiga, invítala a soñar contigo. Pregúntale: "¿Qué harías por Dios o por los demás si nada te detuviera?". Luego ayuda a esa persona a dar el primer paso hacia su sueño.

8

No más pasiva

Basado en Juan 9

Escuché los sonidos conocidos del camino que frecuentaba; estaba ubicado lo suficientemente cerca como para obtener algo de quienes pasaban, sin invitarlos al enojo. El día de reposo siempre era más tranquilo que el resto de los días, sin el tumulto usual de niños jugando ni del mercado lleno de gente. Las familias estaban juntas en sus casas, descansando, alabando y comiendo. Con frecuencia, me imaginaba siendo invitado a sus mesas.

De las pocas personas que notan mi presencia, la mayoría me considera una molestia. Lo detestaba, pero no sabía qué más hacer. Sobrevivía mayormente de pan y sobras de comida de algún transeúnte compasivo. Con una casa llena para vestir y alimentar, mis padres tenían muy poco para darle a su hijo ya crecido, que debería estar ayudándolos. Vivía avergonzado, consciente de ser una molestia en el mundo.

Un grupo de hombres se acercó. Aunque no reconocí sus voces, la pregunta me resultó muy conocida. La gente parecía asumir que tener la vista dañada implicaba también la pérdida de la audición. "Rabino, ¿fueron los pecados de este hombre o de sus padres lo que causó esta ceguera?".

Yo me quedé callado. Hacía muchos años que había construido una defensa en contra de estos momentos. Mi piel se había endurecido por el odio, el prejuicio y la condenación. Convivía con las palabras venenosas que escuchaba a diario. Habitaba en medio de ellas. Quizá algo de lo que decían era verdad. Seguramente me merecía esto.

El rabino se arrodilló. Podía sentir su aliento y sus palabras cerca. "Nadie ha pecado. Esto pasó para que la obra de Dios se haga evidente en él".

Quedé confundido. Sabía que era el día de reposo, pero lo escuché mezclar algo, y luego con sus manos frías untó la mezcla sobre mis ojos. Me dijo que fuera al río y me lavara los ojos.

Me quedé sentado con el barro sobre mis ojos, indeciso. La caminata hacia el río era larga, y esto me parecía ridículo. Cuando era niño, le oraba a Dios para que me sanara; pero como adulto, tal esperanza parecía irrealista e ingenua.

No tenía fe. No tenía esperanza. Yo estaba cómodo en mi miseria, mientras me alejaba del veneno de las palabras hirientes.

Pero este rabino se había arriesgado conmigo. Yo conocía la Ley. Si lo veían haciendo mezcla, lo condenarían. Nadie se había arriesgado por mí. Pocos si quiera me hablaban.

Me levanté, tan solo por respeto a ese hombre al que llamaban Jesús, quien me defendió y arriesgó su carrera por mí.

Cuidadosamente, paso tras paso, me fui acercando al agua y me lavé los ojos. Mientras levantaba mi cabeza: colores, luz y objetos pasaban por mi mente. Mis sentidos estaban saturados por el resplandor y la belleza. Incluso, el color enmohecido del barro parecía sorprendentemente intenso.

Lloré. Grité.

De regreso a mi vecindario, muchas personas no me creían cuando les contaba el relato. Ni siquiera me reconocían, a pesar de haber pasado décadas sentado a sus pies. Solo algunos de los que me habían demostrado compasión a través de los años sabían quién era.

Los fariseos pidieron verme. Demandaban saber lo que había ocurrido, y les dije la verdad. No quería que Jesús se metiera en problemas, pero sí deseaba que todos supieran de su poder.

Los fariseos convocaron a Jesús, y durante horas oí cómo defendía su decisión de sanarme, una decisión condenada por aquellos que se preocupaban más por la posibilidad de una norma no cumplida que por el hecho de ser sanado de una vida miserable.

Me pregunté si su ministerio se habría acabado. Después de esto, ¿la gente lo seguiría?

La corriente del riesgo

Una de mis heroínas de la vida y de la fe es una amiga llamada Kim Patton. Conocí a Kim y a su esposo Sherwynn hace seis años, instantáneamente la amé porque es una líder entusiasta que asume riesgos por el bien de otros.

Kim y Sherwynn visitan cárceles y lideran lo que llaman Restorative Circles [Círculos de restauración], el cual reúne policías con hombres y mujeres que han sido condenados por violencia familiar. Ahora bien, Kim es fuerte y luchadora pero pequeña de tamaño. Aun así, reúne a criminales afroamericanos ya condenados con oficiales blancos de la policía y los guía a través del proceso de reconciliación, mientras se les da el apoyo necesario para superar los problemas que controlan sus vidas. Este proceso tuvo un impacto medible en la tasa de crímenes de Austin, Texas. Ella cree que la brecha racial en el sistema judicial puede ser acortada por medio de relaciones, conversaciones, y Jesús. Va directamente al núcleo de los conflictos más profundos y complicados de nuestra sociedad. Le pega un puñetazo en el rostro a la oscuridad y la hace ver como si no fuera gran cosa.

Luego de ser invitada, Kim asistió a su primera Conferencia IF:Gathering. Ella sabe que de corazón quiero ver que la unidad racial y la diversidad se produzcan en nuestra generación. Tan pronto como terminó el evento me llamó: "Jennie, ¿quieres venir a almorzar y a hablar de cómo es la diversidad en IF?".

Unos días más tarde me presenté en el almuerzo; pensé que estaríamos solo Kim y yo. En cambio, había cuatro mujeres afroamericanas esperándome. Todas habían asistido a la conferencia. Una cosa es sentarse a almorzar en una mesa llena de amigas afroamericanas de toda la vida, pero otra, es oír cómo marcha el asunto de la diversidad en tu organización.

Estaba nerviosa sobre lo que iba a saber, pero a la vez, ansiosa por escucharlas. Ese día, mientras comíamos tacos, estas mujeres empezaron a describir lo que se siente al entrar a un lugar lleno de mujeres que no se parecen en nada a ellas y ver un escenario que representa a muy pocas personas como ellas. Hablaron bondadosa y sinceramente, y por momentos les resultaba incómodo hacerlo.

Esas mujeres no tenían ninguna obligación de venir, pero no solo asistieron ese día, sino que se ofrecieron para ayudar a madurar y a crecer nuestro ministerio. Luego de oírlas, les compartí mis ideas de diversidad y reconciliación.

Al final del almuerzo Kim dijo:

–No creo que debamos dejar esto así. Me parece necesario empezar nuestro propio círculo de reconciliación.

Yo le respondí:

–¿Lo que haces entre las personas que han cometido un crimen y los policías, quieres hacerlo con algunas mujeres de los suburbios?".

–Sí.

–Bueno, hagámoslo.

Unas semanas más tarde llevamos nuestra mezcla de comidas a un centro comunitario local. Luego, nos reunimos en círculo varias mujeres afroamericanas, asiáticas, latinas y algunas mujeres blancas, ninguna de nosotras sabiendo qué esperar.

Allison ingenuamente habló de ser daltónica, y más tarde Regina volvió al tema diciendo que el hecho de que las personas blancas pretendan que el mundo es daltónico no ayuda a resolver los problemas. A continuación contó la historia de sus hermanos ahorrando dinero para comprarle un perfume a su madre para su cumpleaños. Ahorraron y tomaron el autobús hacia el centro comercial (un lugar que yo conozco muy bien). Cuando llegaron, los miraron fijamente como si fueran ladrones y estuvieran robando en tiendas.

En ese momento, todas las personas blancas presentes guardamos silencio, dejamos de suponer cosas. Comenzamos a cambiar.

Aprendimos a callar. Aprendimos a oír. Nuestras nuevas amigas de color, valientes y compasivas, nos enseñaron con gran humildad y bondad una parte de lo que no entendíamos del mundo de los privilegios. Hablamos de cosas que yo no sabía si estaba bien decirlas. Cada una de estas mujeres tenían más para perder que para ganar.

Kim valientemente reunió a sus amigas y se arriesgaron a que quizás fuéramos insensibles; a que nosotras, las chicas blancas, empeoráramos las cosas; que tal vez no nos importara, o no asistiéramos, o quizá les causáramos más dolor a ellas que se habían arriesgado a venir.

Uno de los mentores de Zac, Rick Taylor, siempre nos ha enseñado que el liderazgo es estar dispuestos a tomar la iniciativa por el bien de otros. Kim nos guió para nuestro bien y el bien de muchas otras mujeres a las que influenciaríamos más tarde, aunque nunca se podía imaginar cómo Dios nos usaría para servir en el futuro. En lugar de ser apática, estar cómoda y tomar la ruta más simple, Kim inició para el beneficio de muchas personas y nos mostró el camino para crecer y cambiar para siempre.

Y gracias a que ella se arriesgó a tomar la iniciativa, al año siguiente todas vimos cómo Dios quitó la cortina para revelar quién es Él, dándonos una imagen más completa de cómo será el cielo. Personalmente, vi partes de Él y de la vida que ni siquiera sabía que me estaba perdiendo. Fue la belleza, la creatividad y la naturaleza gloriosa de personas únicas, aprendiendo a apreciar y a amar lo que es diferente en lugar de temerle a las diferencias. Había construido un mundo que se parecía a mí. Pero al moverme fuera de los límites que había levantado vi más de Dios. Vi lo diverso y bueno que es su Reino.

Movernos hacia lugares desconocidos e incómodos nos expande y nos da más de Dios.

De diversas maneras todas hemos sido como los fariseos de la época de Jesús, al crear un mundo en el que evitamos a aquellos que no son como nosotras. Tal vez tememos no ser bien recibidas por otros, entonces construimos límites y altas murallas para distanciarnos de ser lastimadas. O quizá, en nuestro intento de ser parte del grupo "correcto", construimos límites para alejar a los demás. Algunas de nosotras, hemos definido nuestro límite basándonos en una etapa de la vida o grupo de edad o clase social o estado sentimental o denominación o partido político. Nos rodeamos de personas iguales, y el precioso océano que fluye y está en movimiento lleno de la diversidad creativa de Dios, digna de admiración, se transforma en un charco insalubre lleno de peces dorados pero con el agua estancada.

Cada una de nosotras, mientras estábamos juntas reunidas en círculo, tuvimos que dejar de lado cualquier inclinación a estar a la defensiva o demostrar a las demás que teníamos todas las respuestas. Tuvimos que estar dispuestas a enfrentar la realidad de nuestras propias perspectivas limitadas y confiar en que Jesús es suficiente para...

... destruir las hirientes murallas que accidentalmente habíamos construido.

... construir puentes de amistades sinceras y de confianza, mientras enfrentábamos la verdad sin importar lo difícil que fuera.

... unirnos a pesar de nuestras diferencias.

Él es suficiente y mucho más.

Vivíamos en un mundo donde nos estábamos "llevando bien", pero las corrientes de tensión se hallaban por debajo de la superficie, evitando que experimentáramos una amistad profunda entre nosotras. Nos arriesgamos a ser vulnerables, tanto como para sumergirnos en las tensiones y en la incomodidad. Nos arriesgamos a explorar los problemas que no queríamos admitir que existían.

LA COMODIDAD NO ES NUESTRA META

Al construir relaciones con personas que son diferentes a nosotras tenemos que decidir: ¿Realmente estamos dispuestas a correr el riesgo de decir algo equivocado, a oír en qué forma somos parte del problema? ¿Estamos dispuestas a amar y a seguir a pesar de las heridas que puedan producirse?

¿Por qué habríamos de poner en riesgo nuestra comodidad?

Porque del otro lado del riesgo dirigido por Dios y nutrido por la información bíblica se encuentra lo que estamos buscando: estar cerca de Jesús, más fe en su poder, experiencias y relaciones más ricas y profundas, satisfacción y gozo en la corta vida que se nos ha dado.

Naturalmente nuestros corazones quieren acercarse a la protección y alejarse del liderazgo riesgoso y de la obediencia. Aunque en el interior de nuestra alma anhelamos aventura, en algún punto en el camino hacia la adultez o estando en ella llenamos ese anhelo con religión, prefiriendo experiencias conocidas y resultados predecibles y controlados. Perdimos nuestra capacidad de arriesgar, de explorar, de inventar, de crear, de ser parte de nuevas experiencias que asustan, y creamos vidas seguras donde nuestra mayor meta es estar a la altura, ser aceptadas y ser suficientes.

Pero Jesús vive del otro lado de nuestras zonas de confort. Las corrientes que anhelamos, las cuales Él está ofreciendo, fluyen con más fuerza en los espacios donde vemos que lo necesitamos. Y mientras salimos de los límites que hemos trazado, nuestros corazones se despiertan. El Espíritu de Dios nos lleva a una aventura alocada y sin control, incluso en los momentos cotidianos de nuestra vida.

Pienso que debería existir un riesgo obediente que honre a Dios en nuestras vidas todos los días. No estoy diciendo que quiero que eso sea verdad. Simplemente, creo que Jesús vive del otro lado de nuestra comodidad. Y, cuando pasamos demasiado tiempo cómodas, empezamos a perder nuestra necesidad de Dios.

Solemos tomar la mayoría de las decisiones basándonos en nuestros miedos, más que en nuestra fe. O decidimos nuestros movimientos basándonos en nuestro orgullo, creyendo que somos suficientes y que no es necesario arriesgarnos. Que no es necesario crecer, no es necesario ayudar, no necesitamos nada. Ya somos suficientes.

Estas no son ideas modernas, occidentales. La gente creía las mismas mentiras en la época de Jesús. Continuamente Él los sacaba de sus cómodas vidas, de sus expectativas culturales y sus resultados predecibles, y los metía en las riesgosas aguas de la libertad, sanidad, plenitud, abundancia y gozo. Los empujaba a reconsiderar todo lo que habían creído que era verdad sobre ellos mismos y sobre lo que Dios valora.

Una cosa fue cuando, una noche Jesús calmó el mar feroz y tempestuoso; pero otra cosa cuando Él llamó a Pedro a salir del bote para caminar por encima de la salvaje marea: ahí lo instó a ir hacia un nuevo nivel de fe. Sí, Pedro dudó y empezó a hundirse; pero Jesús lo sostuvo.

Escúchame, por favor. Nunca acabaremos con nuestros miedos, aunque pasemos mucho tiempo intentándolo; fuimos llamadas a caminar sobre el agua, y a hacerlo valientemente *a pesar de nuestros miedos*. Jesús no nos está regañando por tener miedo; Él nos está llamando a salir de nuestros cómodos botes para hacer algo impensado, algo que solo es posible con su poder.

Cada vez que nos arriesgamos, depositamos nuestras vidas en las manos de nuestro Dios y probamos su suficiencia. Es por nuestra libertad y gozo que nos diferenciamos, pasando los límites y los confines de nuestra comodidad.

¿Qué pasaría si te dijera que para experimentar la suficiencia de Dios tienes que estar dispuesta a asumir riesgos para la gloria de Dios?

Me agrada que Jesús nos enseñe de dónde viene nuestra abundancia antes de llamarnos a ingresar al agua. No será en nuestro poder y con fuerzas humanas que algo sucederá. El riesgo obediente simplemente será cuando nos apoyemos en su abundancia, nos apoyemos en su amor, simplemente creyendo que Él hará la obra, creyendo que puede tomar cualquier situación y cualquier día aburrido y provocar que la vida cambie.

Este no es un riesgo al azar, lanzando la precaución al viento. Eres tú saliendo del bote hacia cualquier riesgo que Dios ponga en tu camino, sin importar lo que cueste.

Así es como el Espíritu se mueve.

Esta es la vida a la que Dios nos llama.

Quiero ver a Jesús en mi vida cotidiana, no solo cuando llegue al cielo. Anhelo amarlo más de lo que deseo parecer religiosa. Quisiera amar lo suficiente a las personas como para guiarlas al Único que puede sanarlas. Necesito ser sana. Quiero tomar la iniciativa por el bien de los que tengo a mi alrededor, en lugar de que mis experiencias sean cómodas y simples.

¿Hay algún riesgo al que Él está llamándote?

¿Existe alguien afuera de tu círculo de quien puedas ser amiga? ¿Tienes algún pecado que debes confesar? ¿A alguna persona tienes que hablarle de Cristo? ¿Debes perdonar a alguien? ¿Tienes que suplir alguna necesidad?

No hay riesgo más seguro que arrojar la carga de tu vida en un Dios constante, amoroso y eterno.

EL RIESGO DE LA SANIDAD

Después de que Jesús sanó al hombre ciego el día de reposo, fue atacado con crítica, duda, odio y condenación. Él sabía lo que se venía, sin embargo se arriesgó. ¿Por qué? En realidad, salió de su camino para arriesgarse. Se arrodilló y mezcló barro con su saliva. Este era un paso que claramente iba en contra del ritual del día de reposo.

Por nuestro bien y para su gloria, Él se arriesga. Arriesga su reputación. Arriesga a sus seguidores, porque cada uno supone: "Este es Dios", y si Él llegara a pecar (y en ese instante ellos creían que en efecto estaba pecando) ya no lo seguirían más.

Y Él arriesga todo eso por la sanidad de un solo hombre.

Cada una de nosotras decidimos a quién, cómo y cuándo amar. Mientras los días corren, a menudo pasamos por encima a los pecadores, a los oprimidos, como si merecieran estar en esa posición. Al igual que las personas religiosas de aquella época, pensamos que tenemos que ser las juezas, cuando nuestro trabajo es señalar el camino hacia la sanidad y participar en el proceso.

Jesús no sanó en el instante al hombre ciego. El mendigo tuvo que ir al río a lavarse el barro de sus ojos. Arriesgó la esperanza. Arriesgó recibir el amor que Jesús le había demostrado; dejó caer los muros de protección que había construido.

Quizás fuiste llamada a correr un gran riesgo en tu vida, adoptar un niño, cambiar de trabajo o tal vez mudarte de continente. Pero también fuiste llamada a arriesgar en las pequeñas cosas, como el riesgo de descansar cuando las tareas y la preocupación te llaman. O el riesgo de perdonar cuando las heridas son profundas. O el riesgo de tener esperanza cuando la lógica te dice que te des por vencida.

Los pequeños riesgos pueden ser más complicados. A veces, hacer un cambio de vida grande y elaborado que sabes que Dios te ha llamado a hacer es en realidad más fácil que perdonar a esa amiga que te ha lastimado o arriesgarte a exponerte ante tu grupo pequeño.

El hombre ciego eligió aceptar ese riesgo. Caminó hasta el agua solo, y luego, del otro lado del riesgo, encontró la sanidad.

En lugar de celebrar, los fariseos se enojaron porque Jesús había faltado el respeto al día de reposo. La visión y compasión de ellos fue empañada por su determinación a demostrar lo perfectos que eran. Jesús no lo toleró. Él les dijo: "Yo he venido a este mundo para juzgarlo, para que los ciegos vean, y los que ven se queden ciegos". [1]

Jesús resaltó una dicotomía entre las personas que estaban dispuestas a arriesgarlo todo para ver y aquellas que pensaban que ya lo habían visto todo, y sin embargo estaban ciegas.

Las personas que piensan que pueden ver, pero en realidad, son ciegas:

- Piensan que son capaces.
- Piensan que son adecuadas.
- Piensan que tienen el control.
- Piensan que no tienen necesidad.
- Piensan que Dios las hizo "especiales" y mejores que los demás.

- Y piensan que saben todas las respuestas a los problemas de la gente.

Las personas que ven gracias a su sanidad:
- Ven sus debilidades.
- Ven su insuficiencia.
- Ven el poder de Dios.
- Ven la necesidad a su alrededor.
- Y ven la capacidad infinita de Dios para suplir todas sus necesidades.

Jesús fue claro: *"Vine por los enfermos. Aquellos que están bien, quienes piensan que ya 'ven', no necesitan doctor".*
Jesús se arriesga por la sanidad de las personas, y nosotras también deberíamos hacerlo.

Él arriesgó todo y rompió con la religión y las reglas para sanar a un hombre que todos veían como una carga. Jesús sanó a un ciego en el día de reposo, para que hoy no estés más encadenada. Para que no tengas que preguntarte el resto de tu vida si Dios ve el quebrantamiento de un individuo y si arriesgará todo por su curación.

Él quiere que sepamos que sus formas o su manera de hacer las cosas son para nuestro bien. El dice: *El día de reposo, ¿sabes para qué es? Mis planes son para tu sanidad y para tu restauración.*

Jesús lo arriesgó todo por nuestra sanidad, y aquellas que fuimos sanadas, somos llamadas a ir y dar sanidad. Tenemos que arriesgarnos para que otros sean sanados, arriesgarnos por el bien de otros, incluso y especialmente cuando no nos sentimos lo suficientemente fuertes o valientes para la tarea. Igualmente hay que salir del bote.

Tantas personas se están alejando de la iglesia y de Dios porque la gente ha construido sistemas religiosos, y ellas sienten que no están a la altura. Piensan que se encuentran demasiado heridas para Dios, porque hemos actuado como si estuvieran demasiado dañadas para nosotras. Tenemos que dejar de ser juezas y empezar a sanar. Dios en nosotras es la esperanza para este mundo.

TODO PARA LA GLORIA DE DIOS

Uno de los regalos de Dios más fascinantes en nuestro grupo de construir puentes entre razas, fue la amistad de una líder de ministerio llamada Tasha Morrison. Poco después de comer los tacos con cierta incomodidad, me llamó por teléfono.

–Jennie, ¿cómo estás?

Era una ocasión no habitual.

–Estoy en el gimnasio.

A lo que respondió:

–Quédate allí, voy en camino.

Me senté en una mesa y unos minutos más tarde, Tasha entró con un bolso marinero grande como el Estado de Utah. Lo puso sobre la mesa y comenzó a revolver en su interior. Todavía, no tenía idea de lo que iba a suceder. Tomó asiento, puso sus manos por encima del bolso, me miró directo a los ojos –recuerda que esta era la segunda vez que nos veíamos– y me dijo:

–Jennie, tienes un hijo negro y eres terriblemente blanca. Creo que Dios me puso en tu vida para ayudarte a criar a tu hijo negro.

Tasha arriesgó la posibilidad de ofenderme porque sabía que yo estaba dispuesta y quería aprender todo lo que podía para ser la mejor madre posible para Coop. Correctamente supuso que yo estaba más que predispuesta a oír.

Luego empezamos a ver el bolso juntas. Me había comprado libros para niños de Martin Luther King Jr., y otros relacionados con el don y las complejidades de ser un niño de color.

Luego sacó varias revistas para personas negras, como *Ebony* y *Essence*. Moví mi cabeza un poco confundida. Estas, claramente no eran para Cooper. Ella me dijo:

—Jennie, Coop necesita ver líderes de color sobre la mesita baja. Es necesario que vea personas que se parecen a él y que son creadores exitosos y líderes de negocios. Solo déjalas en tu mesa.

Necesitaba que alguien se arriesgue a herir mis sentimientos para un bien mayor, para ayudarme a amar a mi hijo de mejor manera. Tasha era honesta, y yo tenía que estar abierta a la verdad que me estaba compartiendo, cosas que nunca hubiera entendido o considerado por mi cuenta, en mi mundo blanco. Ella probablemente gastó unos ciento cincuenta dólares en ese enorme bolso para mi hijo.

La comprensión comienza en el punto de inicio de las amistades. Es lo que descubrí en mi amistad con Tasha. Me inspiran los riesgos que ella está dispuesta a tomar para cruzar esas barreras raciales y ayudarme a hacer lo mismo. Casi siempre que nos reunimos sigue depositando cosas en mi mano, en mi vida.

Este año, por ejemplo, por primera vez tuvimos un Papá Noel negro para Coop y para nuestra familia. Un Papá Noel negro. ¡Necesitábamos a un Papá Noel negro! Claramente no había notado lo blanco que era mi mundo hasta que llegó el color. Mi vida era chata, le faltaban algunas de las mejores partes.

Es fantástico lo que aprendes cuando construyes comunidad con personas diferentes a ti. Me he encontrado con nuevas palabras, frases e ideas que nunca hubiera conocido sin esas conversaciones. Salir de lo mismo expandió mi mundo, y soy mejor persona gracias a eso.

Tasha me ayuda y yo la ayudo a ella. Pero ambas tuvimos que tener la intención de llegar a ese punto. Ella, intencionalmente se arriesgó porque cree que la unidad y la diversidad en nuestras vidas valen la pena. Con gracia me dio permiso para decir cosas equivocadas sabiendo que no se distanciaría.

Juntas podemos arriesgarnos para la gloria de Dios

Tal vez tu riesgo no sea comenzar un grupo de construcción de puentes entre razas, pero algún paso de obediencia riesgosa te está esperando. ¿Cuál es?

Recientemente un amigo me contó de una mujer que estaba caminando en un mercado de comidas con sus dos niños en sus caderas (no estaban en un carrito, así que yo ya pensaba, *"no te entiendo"*). Mientras compraba, escuchó a un hombre decir: "No creo en Dios".

Ella siguió su camino, pero sintió que Dios la impulsa y le dice: *"Vuelve y habla con él. Vuelve y ora por él"*. Y ella tenía a sus niños en sus brazos, en medio del supermercado.

Permítanme contarles lo que Jennie Allen hubiera dicho en este caso: Yo hubiera pensado: *"No, gracias"* y hubiera seguido mi camino. Y no lo hubiera pensado dos veces. Excepto, quizás, si el Espíritu Santo fuera lo suficientemente amoroso para insistir y darme una chance para repensar mi actitud.

La mujer del supermercado también siguió su camino, pero no pudo quitarse el pensamiento que se suponía que tenía que hablarle a este hombre.

Entonces, de mala gana, volvió con sus dos niños. Miró al hombre y le dijo:

—Señor, oí decirle que no cree en Dios.

Y él respondió:

—Así es, no creo.

Ella le dijo:

–Por algún motivo, debo orar por usted. ¿Estaría bien? ¿Puedo orar por usted? Sé que esto es un poco extraño.

–Claro. Está bien –le dijo él.

Y en el medio del supermercado, sosteniendo a sus niños, oró por él. Cuando ambos abrieron los ojos, él estaba lagrimeando y ella le preguntó: "¿Por qué no cree en Dios?".

–Porque Él nunca hizo nada por mí.

Ella le respondió:

–Bueno, Él acaba de hacer que yo y mis niños crucemos el supermercado para hablar y orar por usted. Así que ya no puede usar esa excusa.

Luego continuaron hablando de Dios y la vida, y en medio del pasillo del supermercado su corazón se ablandó hacia Dios.

Dios quiere moverse a través de los supermercados y en almuerzos incómodos. Quiere moverse en los encuentros a la salida de la oficina y en los entrenamientos. Él quiere tomar lo que parece un pensamiento cualquiera pero que viene de su Espíritu y moverse en las vidas de las personas que nos rodean y, a cambio, transformar la nuestra.

No nos perdamos la oportunidad de ser parte de la sanidad de otras personas.

MÁS ALLÁ DE NUESTRA IMAGINACIÓN

Nuestro grupo de construcción de puentes entre razas continuó reuniéndose casi todos los meses, sin tener la menor idea de lo que iba a suceder en nuestro país. La falta de condena y la tensión en Ferguson, Missouri[2], era lo que venía, junto a otra serie de eventos que revelarían la tensión racial que hierve a fuego lento bajo la superficie del paisaje americano.

Como persona blanca nativa realmente no había pensado que todavía existía tanto racismo en el mundo; hasta que tuvimos nuestras conversaciones y luego lo que sucedió en Ferguson. Qué hermoso acto de Dios que antes de Ferguson, antes que ocurriera toda esta turbulencia, Él juntara a una tribu de mujeres que compartieran sus vidas y ministerios y eligieran amarse unas a otras y hacer el trabajo duro de las conversaciones difíciles.

Dios sabía.

Y el 6 de febrero de 2015, en nuestra segunda Conferencia IF:Gathering, varias de las mujeres de nuestro círculo, con Tasha Morrison como líder, subieron al escenario con cientos de miles de personas mirando y demostraron a un mundo dividido por las tensiones raciales, cómo tener conversaciones valientes y honestas acerca de las etnias y la unidad.

Miles de personas dijeron que querían ser anfitrionas de "Be the Bridge" [Sé el puente] para grupos de unidad racial en sus ciudades. Y hoy constantemente recibimos reportes de cómo Dios está cambiando vidas.

Todo empezó con Kim iniciando una conversación incómoda mientras comíamos tacos.

Sé que te preguntas, como yo solía hacerlo: si Dios es tan abundante, ¿por qué no vemos su abundancia en todas las áreas de nuestra vida? Estas corrientes que Él quiere para nosotras, que Él anhela derramar en nosotras para este mundo sediento, siempre están allí, fluyendo justo fuera de nuestra comodidad, justo del otro lado de los pozos vacíos que seguimos visitando.

Porque estábamos ciegas y ahora vemos, podemos correr más allá de las vasijas vacías e ir al río y lavar el barro de nuestros ojos.

Yo quiero ver. No quiero vivir ciega a la exquisita historia de sanidad y belleza de Dios que ocurre a mi alrededor.

¿Cómo lo logramos? Cruzamos los límites que representan la comodidad para nosotras, sean cuales fueren. Los cruzamos y ahora vemos a Dios empezar a moverse más allá de nuestros grupos, más allá de nuestra imaginación.

GUÍA DE EXPERIENCIAS

CALMA

"Para los hombres es imposible –aclaró Jesús, mirándolos fijamente–, mas para Dios todo es posible".

Mateo 19:26

Vivir sin nada que demostrar, en realidad, produce que tomar riesgos que honren a Dios sea mucho más divertido. Así como Jesús arriesgó su reputación para liberar a un hombre, cuando dejamos de controlar las circunstancias y nuestras apariencias somos capaces de ver y suplir las necesidades de los demás más fácilmente y con menos temor.

ENTRA EN LA CORRIENTE

¿Cuál es el riesgo pequeño o grande que puedes tomar para la gloria de Dios o para el bien de las personas?

MÉTETE MÁS PROFUNDO

En el mes próximo visita una iglesia que sea nueva para ti o visita una denominación que no te sea conocida. Reflexiona acerca de lo que apreciaste de esa experiencia.

SACIA TU SED

¿Tienes diversas amistades? Si las tienes, ¿cómo te han enriquecido? ¿Qué clase de personas te intimidan? ¿De qué personas no quieres estar cerca? ¿Qué es lo que te detiene a hacerlo? Pasa un tiempo con alguien diferente a ti. ¡Quizás puedan almorzar tacos!

EL DESBORDE

Invita a personas con diferentes trasfondos a compartir una comida. Busca reunir gente de diferentes etnias, denominaciones, edades, etapas de la vida, y respondan estas preguntas juntas:

1. ¿Qué tenemos en común?
2. ¿Qué es lo que nos hace únicas y qué podemos aprender una de la otra?
3. ¿Cómo nos han dividido nuestras diferencias?
4. ¿Qué es lo que necesitas para sentirte valorada y comprendida?

9

No más temerosa

Basado en Juan 11

Había algo en mi interior que me decía que Él no iba a venir. Era un día gris, y la lluvia caía ligeramente, como si el cielo compartiera nuestra pena. Marta seguía esperando, miraba fijamente hacia el camino que daba a nuestro pueblo, pero yo veía que Lázaro se consumía y todos nuestros esfuerzos para hacer contacto con Jesús estaban agotados. Seguramente le habían llegado las noticias; pero aún no había venido.

No estaba viniendo.

Unos meses antes, sentada a sus pies, me dejó una convicción abrumadora y desconocida: **confianza**. Quería confiar en Él y mantener la esperanza en este momento, pero la confianza y la esperanza se estaban esfumando. Había dos opciones: o Él sabía y optó por retener la sanidad o no era tan poderoso como yo creía.

Ambas posibilidades me asustaban. Nuestras vidas habían cambiado por completo al ir tras Jesús. Les habíamos dicho a todos en el pueblo quién creíamos que era. La mayoría pensaba que estábamos locos, y yo podía soportarlo. Pero… ¿y si Él no era el Mesías? O ¿qué sucedía si no éramos tan importantes para Él?

Si Lázaro moría… no teníamos a nadie más. Éramos dos mujeres solteras sin padre ni madre. ¿De qué viviríamos? ¿Quién nos protegería? Marta y yo éramos fuertes, pero no lo suficiente como para esto.

Habíamos agotado cada remedio local. No podíamos hacer nada más, solo orar y rogar a Dios que lo salvara.

Ese día, mi hermano murió.

La vida que conocíamos se terminaba. Nuestro apuesto hermano menor se había ido. La pena por perderlo se volvió aún más pesada con el enojo por nuestra desacertada esperanza en el Salvador, en el cielo y en un Dios bueno con un gran plan. Todo eso murió junto con mi hermano. Tuve la sensación de que la base de mi existencia estaba cambiando y desmoronándose.

Comenzaron los rituales tradicionales del duelo, y Él seguía sin venir. Cada día que pasaba y no estaba con nosotras, mi duda crecía y mis bases se deslizaban aún más lejos.

Luego, después de cuatro días, escuché una voz. Marta fue la primera en correr hacia Él, preguntando por qué no había venido antes.

Lo vi venir hacia mí. No hubo palabras, solo lágrimas. Lo miré a los ojos y Él también estaba llorando. Sus lágrimas disolvieron un poco mi temor. Por supuesto que nos amaba.

Giró hacia la tumba y pidió que quitaran la piedra. ¿Qué hacía? ¿Qué podía hacer ahora?

Levantó los ojos: "Oro para que me escuches. Sé que me escuchas, pero quiero que mis amigos aquí también lo sepan". Sentí como si Él hubiese mirado directo al interior de mi alma, a las dudas que me habían inundado por días, y que su oración era para mí. Él sabía que yo no creí que Dios nos oyera, que Él era bueno, que era capaz. Fue como si Jesús pudiese ver las ruinas de mi fe.

Entonces llamó a mi hermano para que saliera de la tumba.

Envuelto en sus ropas mortuorias, Lázaro salió caminando. Mi hermano muerto salió a la luz. Jesús no solo sanó a mi hermano ese día; me sanó a mí. Mi fe deshecha fue restaurada y mi temor paralizador se disolvió por el poder de sus palabras. Si Él podía derrotar a la muerte, entonces no había nada que no pudiera hacer.

Nunca más voy a dudar. Él está aquí para salvar al mundo. Y es lo suficientemente poderoso para hacerlo.

La corriente de esperanza

El corazón de una de mis mejores amigas se detuvo. De hecho, mi amiga Julie Manning palpita como Lázaro. Estuvo cerca de la muerte tres veces. Diversas condiciones cardíacas hicieron que tuvieran que resucitarla varias veces.

Julie y yo hacemos muchas cosas juntas y, un día, después de haber estudiado la historia de Lázaro junto con otras cientos de mujeres en Austin, nos sentamos las dos en mi auto en el estacionamiento y tuve el privilegio de hablar sobre la muerte con alguien que vive a diario cerca de ella. Mientras analizábamos lo que había sucedido y lo que habíamos estudiado, ella dijo: "Jennie, ¿alguna vez te preguntaste si ese día Jesús lloró porque estaba a punto de traer a Lázaro del cielo?".

Miré fijamente a mi amiga que había enfrentado tantas veces a la muerte y cuyo corazón dañado podía llevarla al cielo en cualquier momento, y me di cuenta de que ella tenía una visión diferente sobre Jesús. En el interior mismo de ella no hay miedo a la muerte; hay ansias por el cielo.

Si en realidad creyéramos que del otro lado de esta vida se encuentra la mejor parte, ¿a qué le temeríamos? Si pudiéramos creer que no tenemos nada que temer, incluso a la muerte, estoy convencida de que podríamos vivir mejor. Todavía habría pruebas. Habría sufrimiento. Hasta quizá habría suficiente oscuridad que nos haga desear la muerte. Sin embargo, si dejáramos de tener tanto miedo a morir, podríamos comenzar a vivir.

Pero, mientras intentamos aferrarnos a nuestra vida, tratando de controlarla, la perdemos. Todas tenemos sueños personales, para nuestros hijos, para nuestras profesiones, para nuestros ministerios, para nuestras amistades. Tenemos expectativas sobre cuál va a ser el resultado de nuestra existencia. Cuando ponemos la esperanza en esos sueños –¡te lo adelanto!– siempre nos desilusionan. Porque, incluso si se hicieran realidad, nunca llenarían tu alma como pensabas.

Intentamos evitar el sufrimiento; algo que necesitamos enfrentar. Romanos 5 nos guía a apoyarnos en el sufrimiento para aprender a perseverar, y así ser llenas de esperanza y encontrar gozo.[1] Por esa razón muchas de las personas que han sufrido están llenas de gozo. Un estilo de vida distinto; eso es lo que nos pide Jesús. Esta vida es insuficiente para llenarnos, pero Jesús es tan completo que eso no importa.

La casa de Julie por diferentes causas se inundó cuatro veces el año pasado. No estoy bromeando ni exagerando. Es como si ella estuviera bajo el ataque del demonio de las inundaciones. La peor ocurrió por un caño roto. Arruinó la planta baja, todos los muebles. Con John y los niños tuvo que mudarse a un pequeño departamento mientras reconstruían la casa.

Naturalmente los amigos estábamos preocupados, pero ella continuaba diciendo con una voz dulce y suave:

–Está todo bien.

Nosotros le decíamos:

–Julie, acabas de irte de tu casa, todas tus pertenencias están mojadas, y el seguro cubre solo la mitad.

Ella continuaba sonriendo y respondía con seguridad y sinceridad:

–Jennie, te aseguro que todo va a estar bien.

Algo en cuanto a vivir diariamente con la realidad de que puede irse a casa con Jesús; algo sobre probar la muerte, algo de su cercanía con el Señor y su esperanza de la morada eterna ha cambiado su perspectiva. Todo cambia cuando se sostiene la vida levemente.

Nuestros sueños pueden verse destrozados o podemos alcanzar nuestros mejores sueños, pero al lado de la incomparable gloria de conocer a Cristo, todo lo demás es pérdida. Como dice el apóstol Pablo, básicamente mis sueños aquí los considero basura, tanto los frustrados como los alcanzados, para poder ganar a Cristo y encontrarme en Él.[2]

Pero, ¿realmente compartimos esa actitud? Estoy segura de que la mayor parte del tiempo no. Mira, yo no confío en Dios de la manera en que lo hace Julie. ¿Y tú? Pienso que si lo hiciéramos, seríamos más libres. ¿Por qué? Porque sabríamos que ya somos libres. Nada en este mundo nos tiene dominadas.

Aquellas que tenemos a Jesús y nos encontramos en Él…

- somos libres de la preocupación de que esta vida funcione correctamente, porque una vida eterna y perfecta está en camino;
- somos libres de la culpa y la vergüenza, porque hemos sido completamente perdonadas;
- somos libres de todo temor, porque ¿a qué cosa o persona en esta tierra le temeríamos si Dios está con nosotras?
- Dejamos de tener miedo. El temor no tiene poder sobre las personas que no temen que venga sobre ellas lo peor.

Hace un tiempo con Julie fuimos a almorzar. Era un tiempo en el que todavía tenía mi mochila firmemente sujeta. Estaba cada vez más desilusionada. Dondequiera que miraba, aquellos a quienes amaba estaban sufriendo. Me habían invadido la duda y el temor.

¿Dónde estaba Jesús en medio de esta oscuridad? ¿Acaso no era lo suficientemente fuerte como para protegernos? ¿No era bondadoso?

—Julie, ¿estás cien por ciento segura de que hay vida después de la muerte, de que Jesús es real?

Me miró como si estuviera loca.

–Sí, Jennie. Cien por ciento segura.

Su corazón es débil, y Dios podría llevarla a casa cualquier día, en cualquier momento, pero ella dice: "cien por ciento segura"; eso significa mucho para mí.

Cuando no te da temor ni siquiera la muerte, no hay mucho de qué preocuparse. Inundaciones, niños pequeños, problemas económicos, perder la casa… no son un gran problema. Julie es inquebrantable ante lo peor que el enemigo le arroje, porque él no puede robarle la esperanza y el futuro que para ella son lo mejor. Su fe edifica la mía.

LO QUE ENCONTRAMOS DENTRO DEL SUFRIMIENTO

Me pregunto: ¿acaso es posible que estés leyendo esto y todo el mundo o una parte de él se esté desmoronando? Aquí es donde quisiera agarrar dos sillas, un poco de café, y te tomaría de los hombros, te abrazaría, lloraría contigo y oraría por ti. Aquí es donde escucharía en lugar de hablar.

Ese espacio largo y extraño significa que estoy escuchándote. Lo siento tanto. Odio el sufrimiento. Detesto el quebrantamiento de este mundo. Me da rabia que una de mis mejores amigas haya sufrido un infarto masivo y todavía no pueda hablar. Me molesta que mi hijo tenga en Ruanda amigos de ocho años de edad que viven en las calles. Me disgusta el cáncer que algunas de mis amigas están combatiendo. Aborrezco que los niños sean abusados. Abomino la muerte. ¡Lo repruebo! ¡Odio todo eso!

Y Dios también.

Vivimos en un mundo roto, caído. El objetivo no es que le encontremos sentido al sufrimiento, porque no podemos. La meta es que no tengamos temor a sufrir.

En la historia de Lázaro leemos que Jesús permite que algunas de las personas que Él ama en la tierra enfrenten la muerte. Durante cuatro largos días esperaron en la oscuridad. Preguntándose si Él vendría. Pensando si los amaba. Cuestionándose si era poderoso.

¿Por qué lo hace? Él dice: "por causa de ustedes me alegro de no haber estado allí, para que crean".[3]

La fe se edifica a través del sufrimiento, pero solo cuando nos apoyamos en ella y en Él. "Los cielos cuentan la gloria de Dios",[4] y creo que el sufrimiento nos hace anhelar esa gloria de una manera que nunca lo hubiésemos hecho si todo siempre funcionara perfectamente.

Jesús tiene un plan para nuestro sufrimiento, pero es muy difícil verlo en la larga y oscura espera.

El Señor llevó a su gente, a quienes amaba tanto, al lugar más oscuro, a la tumba, para que la verdad más luminosa brille y produzca la esperanza y la fe más gloriosa.

Dios mío, es difícil de creer. Cuando a veces voy allí, a las partes más oscuras de mi historia o de las historias a mi alrededor, cuando doy un vistazo al dolor y al sufrimiento del que nuestro amado Dios nos libra, me siento desesperadamente atemorizada.

Tengo miedo de que Él no sea lo suficientemente bueno,

... de que no sea lo suficientemente poderoso,

... de que no nos ame lo suficientemente.

Y adivina lo que sucede luego… Quedo adormecida. Elijo frenarme por el temor. Elijo detenerme por la desesperación. Elijo inmovilizarme por mi propio dolor y el de otra persona.

Con frecuencia nos quedamos adormecidas porque pensamos que no podemos manejar la oscuridad: lo oscuro en nosotras y a nuestro alrededor. Tenemos el corazón cansado de acarrear el dolor, y perece ser más fácil soltarse. La mentira que creemos es que una vida plena es una vida sin dolor. Pero cuando a través de la oscuridad nos movemos, buscamos con desesperación a Dios y no ideas sobre Él sino a Dios mismo. Él está aquí, justo al lado de nuestra idea de una vida perfecta y agradable.

Las emociones fueron diseñadas por Dios para marcar el anhelo por Él y por el cielo. Son brújulas, no destinos. No las ignoramos ni tampoco acampamos en ellas, sino que les permitimos que nos muestren los lugares en los que Dios quiere encontrarnos y en los que debemos trabajar.

Jesús tiene un plan para nuestro sufrimiento, pero no puede cumplirse si seguimos tratando de avanzar hacia lo seguro y limpio, ocultándonos. Sus planes en nuestra vida se cumplen al movernos en medio del dolor. Podemos enfrentar el sufrimiento porque Jesús está allí en él.

En este momento, quizá estés pensando: *"¿Cómo cambia esto mi vida diaria? No muere nadie hoy. Tan solo no estoy a la altura de las circunstancias como amiga, como compañera de trabajo, como madre, como líder"*.

Bueno, el Jesús que puede vencer nuestra muerte física es el mismo que va a derrotar las pequeñas muertes diarias y va a librarnos de nuestros temores. El evangelio es la historia de gente muerta que resucita. Pero no podemos resucitarnos a nosotras mismas. No tenemos suficiente en nuestro ser para modificar nuestro comportamiento. Ni el poder de ir desde la desilusión, el temor, la tristeza y la esclavitud de nuestra vida hacia la libertad, el gozo y el amor.

Necesitamos un avivamiento radical del alma.

Si hay algo en la tierra que deje al descubierto nuestra falta de capacidad es la muerte. ¿Acaso puede la gente muerta levantarse y salir de la fosa? No, están muertas. La muerte es ausencia de poder; es ausencia de capacidad; ausencia de vida. Efesios 2 comienza diciendo que todos estamos muertos en nuestros pecados. Muertos. Sin esperanza. Sin salida. Sin vida.

Esta declaración está seguida de dos palabras que cambian todo: "pero Dios".

No tenemos poder sobre nuestro pecado… *pero Dios*.

No tenemos poder sobre la muerte… *pero Dios*.

No tenemos poder para cambiar… *pero Dios*.

"Pero Dios, que es rico en misericordia… nos dio vida con Cristo, aun cuando estábamos muertos en pecados".[5]

Estoy segura de que no tomaste este libro porque estabas preocupada por perder *las peores partes* de tu vida: el sufrimiento, el dolor, las pruebas, los conflictos, la oscuridad.

Pero ¿qué sucede si al tratar de perder las peores partes de la vida también perdemos lo mejor?

¿CON TODO Y CON NADA?

Mi hermana Katie es increíblemente creativa. Es diseñadora en Arkansas, y no lo puede evitar: crea belleza sin siquiera esforzarse. Es su don.

Hace poco, nos sentamos en su cocina, una de las más bellas que jamás haya visto, y disfrutamos de una pizza mientras nuestros hijos jugaban afuera en el jardín, en un tobogán acuático.

Unos meses antes, ella había encontrado una casa que necesitaba reparaciones y, bueno, ¡la reparó! La casa es muy encantadora, hogareña y perfecta. Casi me dolía caminar por ella porque era muy bella.

Mi hermana tiene un don, pero también es muy profunda. Ella ama a Jesús y desea desesperadamente ver su vida derramada en Él. Aquél día, preguntó en voz alta algo que yo había pensado al menos mil veces.

—Jennie, tengo una casa hermosa. Tengo hijos preciosos. Mi vida es realmente feliz ahora; y me siento culpable. ¿Está bien estar contenta?

La pregunta de mi hermana me golpeó. La respuesta no parecía ser completamente obvia.

El mundo adorable y feliz de mi hermana se desmoronó hace unos meses. Mientras estaba sentada a su lado afuera de un restaurante, una llamada por teléfono de cinco minutos, de repente, cambió su vida para siempre.

Desde ese momento, si no estamos juntas, hablamos por teléfono; a veces cinco veces al día. A menudo la llamo y, si no está con los niños, está leyendo su Biblia. Siempre le digo:

—Oh, no. No quiero interrumpir tu lectura.

Y ella me contesta:

—No hay problema. Siempre leo la Biblia.

Cuando nos reuníamos para Navidad, cada vez que no la encontraba, estaba en su habitación con la Biblia y un diario íntimo.

Me dijo:

—Jennie, su Palabra se ha convertido en mi esperanza. El cielo se volvió mi hogar. Estas palabras se han vuelto la manera como me levanto a la mañana, la salida cuando me aflijo y el modo como cuido de mis hijos.

Un día lluvioso, fuimos juntas hasta su bella casa nueva para ayudarla a empacar todas las cosas antes de poner la vivienda a la venta. No fue su culpa, pero ahora no tenía trabajo, se tuvo que cambiar de vecindario, se encontraba sin sus amigos de toda la vida, sin su iglesia, sin su esposo. Nunca me había sentido así, como hermana mayor, tan protectora. Me he preocupado tanto por ella.

Ese día, mientras yo manejaba, ella miraba fijamente por la ventana casi sin hablar. De repente, se dio vuelta hacia mí y me dijo algo que todavía me está cambiando.

—Jennie, cuán bendecida estoy de haber perdido todo a la vez, y saber que Dios es suficiente para mí aunque no tenga nada más en la tierra. Por el resto de mi vida voy a saber que solo lo necesito a Él y que Él es verdaderamente bueno.

Mi hermana me recuerda al apóstol Pablo: "Sé lo que es vivir en la pobreza, y lo que es vivir en la abundancia. He aprendido a vivir en todas y cada una de las circunstancias, tanto a quedar saciado como a pasar hambre, a tener de sobra como a sufrir escasez".[6]

¿Cuál era el secreto de Pablo? ¿Cuál fue el secreto de mi hermana?

Puedo hacer todo esto junto con Cristo porque Él me da la fuerza.[7]

En otras palabras, cuando no tenemos lo suficiente o no nos sentimos capaces, creemos que con Jesús es suficiente. Es la misericordia de Dios la que permite que todos nuestros sueños se vuelvan realidad, y nos ayuda a descubrir que ninguna desilusión ni nada en la tierra, sino solamente Él, puede satisfacernos. También es la misericordia de Dios lo que nos deja perder todo en la tierra y aun así ver que con Él alcanza para nosotras.

Seguir a Jesús da como resultado nuestra felicidad; es un camino al revés. La felicidad, la valentía y la libertad se encuentran al movernos hacia las situaciones que a menudo tratamos de evitar.

Me agrada cómo Jesús lo explica en las bienaventuranzas de Mateo 5, donde cada línea comienza con la palabra griega *makarios*. Esta palabra a menudo se traduce como "dichosos".

Así que Jesús dice que las personas dichosas serán:

Dichosos los pobres en espíritu, porque el reino de los cielos les pertenece.

Dichosos los que lloran, porque serán consolados.

Dichosos los humildes, porque recibirán la tierra como herencia.

Dichosos los que tienen hambre y sed de justicia, porque serán saciados.

Dichosos los compasivos, porque serán tratados con compasión.

Dichosos los de corazón limpio, porque verán a Dios.

Dichosos los que trabajan por la paz, porque serán llamados hijos de Dios.

Dichosos los perseguidos por causa de la justicia, porque el reino de los cielos les pertenece.

Quizá estés pensando: *"Bueno, entonces no sé si quiero ser una de las personas dichosas".* Lo entiendo. Tengo la misma respuesta.

Pero en realidad, no hay escapatoria: cada una va a enfrentar dificultades, presiones, angustia, dolor. ¿Adónde iremos en esos momentos?

Las personas dichosas son las personas libres.

Las personas dichosas son las que no son adictas a este mundo, sino que su deseo está en el cielo.

Las personas dichosas son las que no temen perder todo en la tierra porque su esperanza no está aquí.

Las personas dichosas son las que padecieron sufrimiento y saben que Jesús es suficiente.

¡Las personas dichosas son las que necesitan a Dios y tienen a Dios!

Oswald Chambers escribió: "El propósito de Dios perece no dar en el blanco porque somos muy cortos de vista para ver a qué está apuntando Él".[8]

El propósito de Dios es nuestra libertad y salvación, pero apenas entendemos qué se necesita para obtenerlas.

Cuando veo a mi hermana caminar por aguas oscuras y profundas, y que está parada en puntas de pie tratando de tomar aire, quisiera golpear algo. Quiero un bote que la lleve lejos y evite el sufrimiento. Pero no es lo que ella diría. Diría que allí es donde recibe el aliento de Dios. El lugar en que sabe que Él es real.

La mayoría teme sufrir, pero cuando veo a las personas que amo caminar por tiempos oscuros, te digo que tú y yo deberíamos tener temor a no sufrir nunca, tener temor a no necesitar nunca de Dios.

Me consuela que Jesús no estaba esperando que María y Marta le demostraran su fe en Él; en realidad Él estaba allí para demostrarles su poder a ellas.

Quizá ahora estés sufriendo más de lo que posiblemente pueda imaginarme. Lo siento muchísimo.

No te ofreceré respuestas trilladas. Ni te daré algo para que pongas sobre tu corazón que diga: "Deberías sentirte mejor y creer en Dios porque _____". No lo voy a hacer.

Pero sí creo que Jesús derrama sus corrientes de esperanza en medio de nuestro sufrimiento, y sé que allí encontraremos abundancia y vida. Lo creo.

Lucho por creerlo.

Peleo por creer que cuando el infierno se derrama sobre alguien que amo, de alguna manera, el cielo está siendo edificado. Lo he visto. Sarah Henry, mi querida amiga que viene recuperándose de un infarto cerebral desde hace tres años, se emociona cada vez que le cuento sobre la cantidad de personas que me han dicho que confiaron en Cristo al verla a ella. Ese ataque le quitó las palabras pero no el gozo. Aun sin su voz, compartió de Jesús con más personas que la mayoría de nosotras. Pero incluso al verla, no puedo entender cómo toda esta dificultad va dar un buen resultado. Sigo diciéndole a Él: *"No lo entiendo; pero ¿adónde voy a ir sino a ti?"*.

Estoy pegada al Único que sé que venció a la muerte. Descubrí que Él nos empuja al sufrimiento y al dolor porque, en esas muertes, tanto las grandes como las pequeñas, Él sabe que vamos a volvernos a Él para recibir valor, para obtener la esperanza de que algo sucede más allá de lo que podemos ver aquí y ahora.

Él es real y las historias que escribe son buenas. Sí, tienen capítulos oscuros, pero todas las buenas historias necesitan capítulos oscuros para que pueda brillar la luz.

Él es suficiente, por eso podemos vivir sin temor; sin que la oscuridad ni la muerte o el peligro nos quebranten.

Nuestro Dios está preparando un mundo donde no habrá sufrimiento, y hacia allí tú y yo nos dirigimos. Esta es la historia que estamos viviendo. Él odia la muerte, detesta el pecado, aborrece el dolor. Él está a punto de destruirlos. Pero mientras tanto nos redime para propósitos excepcionales, y un día sabremos que su propósito valió la pena.

Sabiendo que quizá hoy estés sufriendo o tengas temor del futuro, no puedo terminar aquí sin escribir una oración por ti, por todas nosotras.

Dios, es por tu gloria que existimos, y fuimos creadas para ti. Tomaste un poco de barro y nos formaste. No lo entiendo, pero sé que puedes hacer cualquier cosa. Somos tan finitas, somos tan limitadas, y aun así nuestra vida parece prolongada, y nuestro tiempo nos resulta eterno. En especial, Dios, cuando estamos sufriendo pareciera que nunca va a terminar. No tenemos perspectiva; perdemos la esperanza. Y luego dices cosas locas como: "Es mejor que me vaya porque estoy preparando un lugar para ustedes".[9]

Sin embargo, Jesús, al leer tu historia y la de tu pueblo, te imagino cuando los llevaste gradualmente hacia lugares más profundos y hacia una oscura tumba. Y luego entraste y lo conquistaste. Tu luz brilla en cada lugar oscuro. Así que debido a ello, oro para que ayudes a mi amiga que está leyendo estas palabras para que crea que eres suficiente para los lugares más oscuros de su vida.

Dios, ayúdanos a no fingir que la vida es fácil, grandiosa y que todo está bien. Que podamos reconocer lo que es difícil y celebrar lo que está bien. Y ayúdanos a volver a casa, a ti, pronto; dispuestas para cuando todo vuelva a estar bien. Amén.

GUÍA DE EXPERIENCIAS

PERMANECE QUIETA

Aun si voy por valles tenebrosos,

no temo peligro alguno

porque tú estás a mi lado;

tu vara de pastor me reconforta.

Salmo 23:4

Últimamente, pareciera que cada día hubiese una nueva noticia de otro ataque terrorista en el mundo. El objetivo del terrorismo no es destruir el mundo, sino que el mundo viva con temor. Y, querida amiga, el temor es algo que podemos controlar.

Romanos 8 dice:

¿Quién nos apartará del amor de Cristo? ¿La tribulación, o la angustia, la persecución, el hambre, la indigencia, el peligro, o la violencia?... Sin embargo, en todo esto somos más que vencedores por medio de aquel que nos amó. Pues estoy convencido de que ni la muerte ni la vida, ni los ángeles ni los demonios, ni lo presente ni lo por venir, ni los poderes, ni lo alto ni lo profundo, ni cosa alguna en toda la creación podrá apartarnos del amor que Dios nos ha manifestado en Cristo Jesús nuestro Señor.[10]

Nunca nos podrán quitar lo más preciado que se nos ha dado en la vida: nuestra identidad en Cristo.

ENTRA EN LA CORRIENTE

Escribe respuestas cortas a las siguientes preguntas:

- ¿Qué es lo peor que podría sucederte?
- ¿Qué pasaría si eso fuera realidad?
- ¿Cuál sería el resultado?

Cuando llegas a la pregunta final, "cuál sería el resultado", allí se encuentra tu mayor temor, aquel que te ata. Cuando puedas nombrarlo, considera lo siguiente:

- ¿Dios sería suficiente para tu mayor temor?

MÉTETE MÁS PROFUNDO

Escribe con tus propias palabras el Salmo 23 como una nota personal de parte de Dios para ti.

SACIA TU SED

Comparte tu mayor temor con tu grupo o con tu mejor amiga. Conversen sobre cómo sería vivir sin tener ese temor. Procuren que todas compartan su temor.

Acérquense a algún lago o laguna. Anoten el temor en una piedra y tírenla al agua. *Déjenlo allí para siempre.* ¿Qué verdad de Dios lo hace posible?

EL DESBORDE

Busca personas que estén sufriendo y encuentra una manera de animarlas. Junto con algunos amigos visita un refugio de personas sin hogar, una cárcel, una enfermería o un hospital. No necesitas llevar algo; tan solo ve a hablar con las personas. Míralas a los ojos y escucha sus historias. Practica el ministerio de la presencia.

10

No más avergonzada

Basado en Juan 13

Rápidamente, habíamos tomado nuestros lugares. La tensión era palpable. En la habitación, rodeada del suave murmullo de voces, todos se hallaban preocupados por la creciente ira que en las calles se sentía hacia Jesús.

Vi a Jesús pararse y quitarse su ropa. **¿Qué estaba haciendo?**

Lentamente, envolvió una toalla alrededor de su cintura y recogió el recipiente de agua que estaba cerca de la puerta. Mi corazón se detuvo. Lo sabía. Miré mis pies, llenos de barro seco. ¿Dónde se encontraban los sirvientes que generalmente hacían esta tarea? Yo había notado cuando nos sentamos que nadie nos lavó los pies, pero ni siquiera consideré hacerlo. Y ahora ¿Jesús lo iba a hacer?

Arrodillado en frente de los pies de Mateo, nuestro maestro, el Hijo de Dios, se parecía más a un sirviente.

No lo podía soportar. El Hijo de Dios reducido a lavar pies sucios.

Cuando se acercó a mí, rápidamente quité mi pie.

—No, no puedes hacer esto Jesús.

Una vez más, se acercó a mi pie.

—Si no hago esto, Pedro, no tienes parte conmigo. Esta es la entrada para mi nuevo camino. Empezamos aquí, Pedro. Todo lo que estoy por revelarles a ustedes, comienza aquí.

Lo quería a Él, quería su camino, quería entrar.

—¡Entonces lava todo mi cuerpo!

Pero eran mis pies lo que tenía que lavar, mi parte más sucia. Y yo tenía que permitírselo.

—Muéstrame tu pie sucio, Pedro.

Me avergoncé. Me arrepentí de no haberme levantado antes cuando me di cuenta de que los sirvientes no habían venido para limpiar nuestros pies. Me dio vergüenza lo sucios que estaban. Fue incómodo cuando los demás se ubicaron en la mesa en silencio y observaban cómo nuestro líder me lavaba. Me sentí terriblemente vulnerable.

Él dijo:

—A menos que lave tus pies, no tienes parte conmigo.

Me estaba ofreciendo algo que ni siquiera sabía que necesitaba. Pero, Él lo sabía. Sabía lo que iba a suceder esa misma noche. Esos pies que Él estaba lavando fueron los que me llevarían a escapar de Él luego de mentir. Si pudiera volver a esa noche, le hubiera dicho:

—Lava mis pies, Jesús. Límpialos a fondo. Lávame y dime que estoy bien contigo, que soy parte de ti. Y cuando empiece a correr, abrázame.

Esa noche no pronuncié esas palabras, pero eso fue lo que Él hizo.

Eso es lo que Él hace.

La corriente de la gracia

Me senté en medio de mis dos niñas en el servicio de una de iglesia muy humilde; teníamos ceniza negra en nuestras frentes. Me molestaba ver sus frentes manchadas con ceniza negra. Las quería defender. Casi siempre son bastantes puras de corazón. La más pequeña, todavía es inocente e ingenua a la oscuridad de este mundo. La más grande, llora con facilidad cuando aprende sobre el sufrimiento de las personas, ya sea las de la cafetería o del resto del mundo. Quería que estén por encima del hollín que representan nuestros corazones humanos, heridos y oscuros, todos propensos a perdernos y pecar.

Cenizas con cenizas. Barro con barro.

Ningún humano está alejado de esta realidad.

Todos somos tan terriblemente pequeños y frágiles. La ceniza nos recuerda eso. Y odiamos que nos lo recuerden.

La ceniza también se sentía pesada en mi frente. Pero, a diferencia de mi optimismo con respecto a mis queridas niñas, sabía que pertenecía allí.

La ceniza. Grita a voces que no llego a la medida, que soy pequeña, que estoy herida, que soy pecadora, que soy polvo. Es mi proclamación física. *¡Ya lo sé!* Sé que no valgo lo suficiente. Sé que necesito a Dios. Sé que peco.

Las semanas y meses anteriores a ese momento, la mayoría de las personas que miraban de afuera, juzgarían mi vida y pensarían que yo era bastante buena, o que por lo menos, estaba intentando serlo.

Pero yo sabía. Me sentía distanciada de Dios, y, generalmente eso es a causa del pecado. Yo lo sabía…

La mayor parte del tiempo vivía por impulso más que por llamado.

He querido no fallar más de lo que he querido ver a Dios salvando almas.

He querido un Dios predecible, al que pudiera controlar, más de lo que he deseado una brisa de su incontrolable Espíritu.

He intentado demostrar quién soy a expensas de amar bien.

He deseado ser vista más de lo que he anhelado ver.

Dudé de Dios más de lo que creí en Él.

Sí, todo eso. Necesito a Dios y mis hijas también, y siempre lo necesitaremos.

No confesamos para que Dios nos perdone; confesamos para recordar y disfrutar que ya hemos sido perdonadas. Jesús ya enfrentó este problema completamente y plenamente y reemplazó nuestro pecado con su bondad.

Pero nuestro enemigo nos persigue, y quiere que creamos la mentira de que este barro nos define, que somos un fraude por hablar de Jesús cuando tenemos pecado en nosotras. Él quiere que dudemos de nuestra libertad y de nuestro Dios.

Así que, desenmascaremos la mentira y digamos lo que es verdad.

Sí. Yo peco. Soy una pecadora.

Muchos de nuestros problemas vienen cuando personas imperfectas tratan de actuar como si fueran perfectas. Todas hemos pasado por eso. Y ¿cuál es el resultado? Nos escondemos detrás de imágenes que creamos de vidas felices, ordenadas e impresionantes. Estamos exhaustas. Porque si creas una imagen para esconderte, tendrás que gastar toda tu energía sosteniéndola.

Cuando la meta se convierte en ser queridas, no hay cantidad de aprobación que resulte suficiente.

Cuando el objetivo se convierte en una plataforma más grande, no hay espacio lo suficientemente grande.

Cuando el fin es conseguir más dinero, no hay cantidad de dinero que resulte suficiente.

Cuando el propósito es el éxito, no hay promoción o premio o número de ventas que alcance.

Y cuando la meta es ser flaca o hermosa, no hay ningún número en la balanza que te haga sentir que has llegado.

Durante los años que luché con mi desorden alimenticio, lo detestaba. Quería dejar de preocuparme por mi peso y apariencia. Me acuerdo de haberme preguntado cómo reentrenar mi cerebro para dejar de enfocarme tanto en mí misma.

En muchos, el desorden alimenticio aumenta hasta el punto en que es necesaria una intervención médica. Pero, en mi caso, el problema era que mis pensamientos estaban completamente consumidos por la comida, qué es lo que debía y lo que no debía comer y cuándo hacer ejercicio. Mi cerebro flotaba en eso como si estuviera atascado en un solo canal de televisión, sin control remoto y sin forma de apagarlo o cambiar a otro programa.

Nunca se me había ocurrido que ese era un pecado que debía confesar y que Dios me había dado el poder de llevar "cautivo todo pensamiento para que se someta a Cristo.".[1]

Recuerdo el día en que esas palabras saltaron de las páginas de mi gruesa Biblia de estudio verde oscura, poco después de enterarme de que estaba embarazada por primera vez. Las leí y releí. Quedé conmocionada mientras me daba cuenta de que yo controlaba mis pensamientos. Fue la primera vez que me arrodillé y confesé mi adicción a mi imagen y mi adoración al control. Le pedí a Dios que me ayudara a llevar cautivos mis pensamientos. La idea me dio aliento. Tal vez era posible escapar de esta prisión de control y aborrecimiento de mí misma; y, con la conciencia de tener a una nueva vida creciendo dentro de mí, tenía aún más motivación para hacer el cambio en mi pensamiento.

La sanidad rara vez sucede de la noche a la mañana. Pero ahora no estaba sola en la lucha. Cuando los pensamientos inundaban mi mente sobre lo que podía o no comer, o cuándo y cómo me ejercitaría, cada vez que me volvía a pesar, o si pasaba por un espejo, me ponía los pantalones, miraba un menú o alguien notaba o hablaba acerca de mi peso, a través de cada ansiedad que me invadía, me aferraba a Jesús. Pensaba en Él, hablaba con Él, le pedía ayuda, le consultaba su perspectiva, leía su Palabra, recitaba los versículos que me venían a la mente. Entonces, inundando mi mente junto con esos pensamientos obsesivos ahora estaba Jesús, su amor por mí y sus palabras.

Y con el tiempo, la verdad de Jesús cambió mi perspectiva. Él me libró, pensamiento a pensamiento, hora a hora, día a día. Y aunque no puedo decir exactamente cuándo sucedió, un día me desperté y supe que era libre.

Pasé gran parte de mi vida intentando ser perfecta. Y esa es una manera muy cansadora de vivir.

El hecho es que no lo soy. Y ahora elijo regularmente mostrar mis imperfecciones. No puedo ser lo increíble que mi ego quiere que sea, pero puedo disfrutar de los lugares en los que Dios me tiene, en vez de pelear para quedarme en algún sitio que nunca merecí. Puedo ser libre para ser conocida por Dios y por las personas más cercanas a mí.

Elijo eso. **Elijo ser la pecadora y permitir que Dios se lleve la gloria.**

Nadie quiere tu versión falsa y perfecta. Nadie. Ni Dios, ni tu familia, ni tú misma.

SIMULAR LLEGÓ A SU FIN

De vez en cuando me cruzo con personas que están llenas de Dios. Sus almas están tan contentas que Jesús simplemente se nota en ellas. ¿Conoces a alguien así? Es tan refrescante. Tan hermoso. No necesitan nada. No intentan demostrarse nada a sí mismas. No intentan llegar a la medida. Ni llamar tu atención o ganar tu afecto. No juzgan a los demás porque están conscientes de su propio pecado.

Mi abuela vivía así. La llamábamos Gaga, aunque cuando fuimos creciendo insistía en que la llamáramos abuela. Una señora elegante, criada en el sur; ella amaba a Jesús, aunque su fe era privada y rara vez buscaba que los demás vieran su espiritualidad. En lugar de hablar sobre Jesús, vivía como Él. Se sentía bien consigo misma y también calmaba a los demás.

Estaba profundamente consciente de sus propios errores y sabía reírse de ellos. Sus nietos hicimos tantas cosas que debieron de haberla desilusionado a través de los años. Pudo habernos juzgado, pudo habernos dicho que nos habíamos pasado de la raya. Pero siempre dejaba que Dios fuera el juez, y eso nos acercaba más a ella.

Conocía la gracia y sabía cómo regalarla. Todo estaba cimentado en su entendimiento de la increíble gracia que salvó a una pecadora como ella. La fe y el evangelio eran simples y reales en su vida. No necesitaba decir cosas elocuentes ni hablar de temas teológicos, simplemente elegía amar, nunca hablar mal, creer lo mejor y dejarle a Dios ser Dios. No intentaba ser un dios cuando Él ya era bastante bueno en su trabajo.

Algo en la base de su identidad era absolutamente diferente de la mayoría en el mundo. No intentaba impresionar a nadie. Tampoco se definía por su pecado ni estaba atada a él. Fue perdonada y liberada, y su vida lo demostraba.

La gracia produce más gracia.

¿Quién eres tú?
¿Eres impactante?
o ¿estás herida?
o ¿eres perdonada?

En Juan 13 observamos cuando Dios, que es dueño de todo el universo, derrama agua en un recipiente y empieza a lavar los pies de los discípulos, a secarlos con una toalla que tenía puesta alrededor de su cintura. Su identidad es lo que activaba su humildad. Jesús, era el Hijo del Dios todopoderoso. Él estaba seguro y no dudaba de eso. Por lo tanto, no se estaba aferrando a nada. No tenía nada que demostrar por acá ni a aquellos hombres. **Cuando no tienes nada que proteger ni nada que demostrar, Dios se mueve a través de ti.**

Cuando no tienes nada que proteger ni nada que demostrar, conoces la libertad.

Por supuesto, Él se acerca a Pedro y este hace lo que nosotras hubiéramos hecho. *Señor, no. No puedes lavar mis pies.* Y le quita su pie sucio.

No queremos exponer nuestra suciedad. Estamos sobre pedestales. En posiciones que parecen requerir nuestra perfección y moralidad. Sin embargo, cuando escondemos nuestra suciedad, pasamos por alto nuestra necesidad de Dios y perdemos la oportunidad de lograr una profundidad real con las personas.

Cuando con Zac plantamos la iglesia en Austin, no queríamos un lugar donde la gente viniera y sintiera que tenía que fingir estar bien y que todo le salía perfecto. Le dijimos al pequeño grupo con el que comenzamos que creíamos que cada uno de nosotros era un pecador en recuperación, y que era necesario que tomáramos eso con seriedad. Zac invitó a toda la iglesia a hacer un curso de doce pasos denominado "Celebra la recuperación". Es una herramienta desarrollada para las iglesias, similar al programa para adictos de alcohólicos anónimos.

Todos estaban sorprendidos; no estaban seguros de que su pecado fuera tan malo como para necesitar un compromiso tan importante. Sin embargo, lentamente, algunas de las personas más santas, más perfectas en apariencia, empezaron a asistir a los grupos pequeños y a atravesar el proceso de enfrentarse cara a cara con su pecado y su tendencia a buscar esperanza en las cosas de este mundo.

En esos meses nuestro pequeño grupo de líderes confesó, algunos por primera vez en sus vidas:

- décadas de falta de perdón,
- adicciones a la pornografía,
- abortos,
- pecado sexual,
- dependencia del alcohol,
- adicción a la aprobación,
- y una deuda abrumadora que habían estado escondiendo.

Unos meses después de nuestro lanzamiento inicial de unos cinco grupos, los miembros principales de nuestro equipo se miraron unos a otros y dijeron: "Si estos problemas se están escondiendo en nuestra pequeña iglesia, ¿se imaginan cuántas personas estarán ocultando sus cuestiones y luchas alrededor del mundo?".

Me aterró que hayamos accidentalmente construido una institución en directa oposición al llamado de Cristo para la iglesia. Deberíamos ser el lugar más seguro de la tierra para traer nuestro pecado. ¡Somos los únicos que podemos ofrecer esperanza para esto!

El poder del Espíritu Santo vino en los próximos años a través de ese grupo de personas arrepentidas, valientes, libres y perdonadas, de una manera que nunca antes había visto. En lugar de que se hicieran realidad todos nuestros miedos, que seríamos rechazados, que seríamos juzgados, que seríamos avergonzados, ocurrió exactamente lo contrario.

Las personas fueron libres. Experimentaron la gracia y el perdón de Cristo como nunca antes. Se unieron y se conectaron más. La sanidad y la restauración se convirtieron en algo contagioso, y los más cercanos a nosotros no deseaban esconderse.

Nuestra iglesia se organizó alrededor de cada una de las personas y suplió sus necesidades. Cuando alguien confesaba que había escondido una deuda, el grupo le ayudaba a pagarla y estaban cerca de la persona para que no cayera otra vez. Cuando alguien confesaba una adicción a la pornografía, el grupo se organizaba para ayudarle a construir protección y responsabilidad en su vida. Fue un fuego de santidad en aumento, y sin legalismo. Fue el avivamiento más vivo, construido por la comunidad, que honraba a Dios que alguna vez yo hubiera visto.

No confesamos simplemente nuestro pecado, confiamos el uno en el otro, apuntamos al que perdona y nos da el poder para pelear. Nos volvimos indiferentes hacia el pecado. Hemos permitido que controle nuestras vidas, y en la oscuridad tiene todo el poder para hacerlo.

"Por eso, confiésense unos a otros sus pecados, y oren unos por otros, para que sean sanados. La oración del justo es poderosa y eficaz".[2]

EXPONIENDO NUESTRA SUCIEDAD

Estamos avergonzadas de la suciedad que hay en nuestras vidas, pero Jesús quiere moverse justo en medio de ella. Jesús va a la parte más sucia de sus discípulos y los invita a necesitarlo.

Con frecuencia he escuchado enseñar que Jesús lavó los pies de sus discípulos como ejemplo de servicio en el liderazgo, que así es como deberíamos guiar a otros. Y seguro, más tarde Jesús menciona que debemos servir a otros así como Él los sirvió a ellos. Es una buena lección. Es una correcta interpretación del pasaje.

Sin embargo, no es su punto principal en este momento.

Por cierto, aquel momento fue aterrador para Pedro, porque estaba pensando: *"Yo te respeto, Jesús. Te adoro. Te sigo. No quiero que me laves los pies. No quiero verte agachado limpiando las peores partes de mí".* Pedro todavía quería demostrar quién era por sí mismo, por sí solo, sin Dios.

Pero Jesús dijo: *"Esto no es poca cosa, Pedro. No se trata de que comas aquí con pies limpios, sino de la limpieza de tu alma".*

Todos los hombres de Jesús habían intentado llegar a la medida, tratando de ser los mejores, buscando esconder su suciedad, todavía pensando que Dios quería su comportamiento, cuando todo lo que Él quería era sus almas. Así como quiere las nuestras.

La fe de Pedro era real y su salvación segura, sin embargo, Jesús era claro: tenía que tener los pies limpios. Cada una de nosotras necesita una limpieza frecuente de nuestra alma que nos lleve a la libertad. Pero, a menudo, nos separamos de otras personas y escondemos nuestro pecado porque no sabemos qué hacer con él. No queremos exponer nuestra suciedad.

Creo que Jesús nos está diciendo: *"Ey, si crees en mí, si crees que puedo lavar tus pies, si crees que puedo lavar tu alma ¿por qué no la expones?".* Un pie sucio solo necesita una sola cosa: ser lavado. A fin de cuentas, eso es lo que Pedro y todas nosotras necesitamos.

Toda inclinación que tengamos hacia el esfuerzo y hacia validarnos son indicadores de nuestra necesidad interior de ser rescatadas. **Nuestras mayores necesidades empiezan a cubrirse cuando admitimos que tenemos grandes necesidades y nos volvemos al Único que es capaz de suplirlas.**

"Si afirmamos que no tenemos pecado, nos engañamos a nosotros mismos y no tenemos la verdad. Si confesamos nuestros pecados, Dios, que es fiel y justo, nos los perdonará y nos limpiará de toda maldad. Si afirmamos que no hemos pecado, lo hacemos pasar por mentiroso y su palabra no habita en nosotros".[3] Es espantoso exponer y admitir nuestra necesidad, así como Pedro lo experimentó.

Ahora mismo estás pensando en cerrar este libro y aparentar que nunca lo leíste. Pero apuesto que quieres llegar al otro lado de esto. Quieres estar limpia y ser libre.

Una palabra que rara vez oigo últimamente es *arrepentimiento*. La palabra *arrepentirse* significa "alejarse".

La vida cristiana puede resumirse en dos palabras: *arrepiéntete* y *cree*. Confesamos nuestro pecado, la peor parte de él, y creemos la verdad de Dios.

Nos ponemos de acuerdo con Dios acerca de nuestro pecado, y no solo lo confesamos, sino que permitimos que la corriente de limpieza de la gracia de Jesús nos aleje de Él. Esto va a requerir de humildad. En mi experiencia, la humildad generalmente involucra un poco de humillación. Cada vez que soy honesta con mis luchas, soy sincera con mi pecado, soy franca con mi orgullo, soy veraz con los errores que he cometido, y abierta con el pecado que hay en mi alma, lo encuentro humillante.

Y, ¿sabes lo que sucede justo después de confesarlo?

Inmediatamente me siento pequeña. En seguida siento todo eso que no quiero sentir: lástima, miedo, aislamiento, vergüenza. Lo siento cada minuto. Me encuentro atrapada.

Permito que ese sentimiento fluya porque la siguiente ola que viene es de alivio. Puedo estar realmente limpia ahora y la culpa que sentía, que inevitablemente me había afectado a mí y a los que me rodean, comienza a disminuir y retrocede con las olas de la gracia. Encuentro la gracia y encuentro una conexión con Jesús otra vez, una unión con Dios profunda, honesta y sincera en mi alma, porque he admitido que lo necesito y estoy cerca de Él otra vez, y estamos bien.

Quizás, estuviste haciendo cosas para Dios por mucho tiempo, pero realmente nunca tuviste este tipo de relación con Él. Quizás, estás pensando: *"No sé si el Espíritu de Dios está en mí. No sé si alguna vez confié en Jesucristo como Señor y Salvador"*.

¿Te acercas frecuentemente con tu pecado a Jesús?

¿Experimentas su perdón?

Disfrutar de su gracia nos cuesta algo, una cosa: la muerte de nuestra vieja criatura. La muerte de nuestro orgullo. La muerte de pensar que podemos ser autosuficientes. Es difícil, es desagradable, lo detestarás por un momento. Pero ¿sabes lo que sucede en tu alma? Te liberas. Y ¿sabes lo que sucede cuando eres libre? Otras personas son libres. Cuando eres la primera en exponer tu suciedad, las demás personas pueden hacer lo mismo. Es contagioso. Otros son libres a través de nuestra honestidad y confesión. No tenemos que contarle al mundo: simplemente tenemos que decírselo a un par de amigas guerreras, que no se conforman con que seamos de plástico ni una falsificación.

Exponemos nuestra suciedad porque Jesús tiene el poder de limpiarnos y librarnos de la atadura. La gracia de Dios es exquisita y suficiente para la suciedad que parece imposible de limpiar.

Queremos ver que suceda un avivamiento en nuestro ámbito. Deseamos ver a Dios moverse en las almas de las personas mientras vivamos, los años que sean. ¿Si? Queremos eso.

Todo empieza con nosotras. Si no somos movidas por el Espíritu de Dios, ¿por qué querría alguien más moverse? Si no experimentamos su perdón y su gracia frecuentemente, ¿cómo podemos dar su perdón y gracia a alguien más?

EL GRAN INTERCAMBIO

Jesús sabía que en unas horas Pedro iba a negarlo y que durante los próximos tres días iba a sentirse distante y rechazado por Él. Pedro amaba con pasión, y había cometido algunos de los errores más grandes. Era orgulloso e impulsivo. Somos como Pedro.

Somos extremistas.

Somos pecadoras.

Jesús sabe esto.

Jesús sabe lo que Pedro no sabe aún. *Sí necesitas esto. Sí necesitas mi perdón. Ni siquiera sabes de lo que eres capaz. Pero necesitas este perdón ahora.*

Limpio tu orgullo que piensa que yo te necesito a ti.

Limpio tu duda cuando piensas que no puedo manejarlo.

Limpio tu miedo que te detiene de obedecer.

Limpio tu vergüenza que hace que te escondas.

Limpio tu independencia que te hace pensar que no me necesitas a mí.

Limpio tu comportamiento cuando crees que tienes que demostrar tu valor.

Limpio tu traición que te persigue.

Limpio tu arrogancia que se resiste a la necesidad de perdón.

Limpio la lucha por tu propio nombre.

Limpio tu amor hacia tu honor personal.

Limpio tus errores que no puedes nombrar.

Limpio tu enojo que a veces arremete.

Limpio tus pies y los pongo en mi camino, un camino de servicio, un camino de amor, un camino de rechazo, un camino de sufrimiento, un camino de gozo, un camino que libera a las personas.

Unas horas después de que lavó los pies de Pedro, Jesús eligió morir en la cruz para lavar nuestra suciedad e inmundicia. En un acto violento y costoso, Él limpió todo nuestro pecado. Estábamos necesitadas, y Cristo se hizo pecado y pagó el castigo de aquel pecado, para que estemos con Él para siempre. Su sangre a cambio de la nuestra.

Arrepiéntete y cree. Así es como se llenará nuestra alma con las corrientes de agua de vida, del pan que nunca nos dejará hambrientas. Y la luz que se lleva toda oscuridad. No nos define lo peor o lo mejor de nosotras, nos define nuestro Dios.

Exponemos nuestra suciedad y permitimos que Jesús la limpie; luego vamos a contarles a todos.

¿Está endurecido tu corazón? ¿Te sientes alejada de Dios? Este es el camino de regreso: arrepiéntete y cree.

GUÍA DE EXPERIENCIAS

CALMA

Si afirmamos que tenemos comunión con él, pero vivimos en la oscuridad, mentimos y no ponemos en práctica la verdad. Pero, si vivimos en la luz, así como él está en la luz, tenemos comunión unos con otros, y la sangre de su Hijo Jesucristo nos limpia de todo pecado. Si afirmamos que no tenemos pecado, nos engañamos a nosotros mismos y no tenemos la verdad.

1 Juan 1:6-8

La primera vez que recuerdo haber oído una confesión pública, mi pequeño yo en busca de la perfección quedó aturdido. Estaba viendo a un hombre divulgar su secreto más oscuro y vergonzoso en frente de cientos de personas. Escuchar su profundo arrepentimiento me deshizo. Y me hizo preguntarme, *si se supone que en lugar de esconder mi pecado debo exponerlo, ¿qué sucedería?*

¿Adivina qué? Es lo que tenemos que hacer. No debemos demostrarle nada a nadie, ni a nosotras mismas ni a Dios, porque Cristo ya lo demostró por nosotras.

ENTRA EN LA CORRIENTE

¿Qué pecado tienes miedo de traer a Jesús?

MÉTETE MÁS PROFUNDO

Escribe una carta, como si fuera Dios hablando contigo sobre tu pecado. ¿Qué es lo que Él te diría acerca de su amor y perdón?

SACIA TU SED

Identifica patrones en tu vida que te impiden confesar tu pecado. Consigue un bloc de papeles autoadhesivos y escribe versículos que te recuerden la verdad de la gracia de Dios cuando caigas en esos patrones de vergüenza. Pégalos en tu auto, en el espejo del baño, en la mesa al lado de tu cama.

EL DESBORDE

Ve a caminar con un mentor o una amiga en la que confías y comparte lo que Dios te ha estado enseñado acerca de su gracia. Háganse mutuamente estas preguntas:

1. ¿En qué área estás anhelando gracia?
2. ¿Cómo has experimentado en el pasado la gracia de Dios en tu vida?
3. ¿Qué es lo que te impide traer tu pecado a Jesús?

11

No más vacía

Basado en Juan 21

Jesús se nos había aparecido, por lo tanto, sabíamos que estaba vivo. Pero, estábamos perdidos. ¿Qué quería que hiciéramos?

Estaba seguro de que no había nada más para mí con Él. Judas lo había traicionado. Yo también lo había traicionado. La culpa de mi pecado y traición, que me había atormentado con su muerte, se hacía más evidente ahora que Él había regresado. Tarde o temprano me vería cara a cara con Él. ¿Qué podía decir o hacer para demostrar mi arrepentimiento, para probar mi amor?

Tomé lo que me resultaba más conocido, mis redes, y varios hombres me siguieron hacia la embarcación. Algo en relación con el agua siempre me calmó. Pero, esta vez, las aguas solo me recordaban a Él. Sería más fácil si Él no fuera quien dijo ser. Pero yo había caminado sobre el agua, había visto el vino hecho de agua, sostuve los cestos desbordantes de panes y peces, abracé a Lázaro después de haber resucitado.

Había visto lo suficiente como para saber que Jesús era Dios. Y le había fallado.

Era tarde cuando Tomás y Jacobo me ayudaron a tirar la red.

El agua estaba raramente tranquila. No había peces. Incluso aquello en lo que yo antes era bueno, me decía algo que ya sabía. **Soy un fracaso. Lo sé. No necesito más redes vacías para que me lo recuerden.**

Me senté en la barca. Con mi alma dolida. Ya no me sentía en casa en ninguna parte.

Cuando el sol salía, un hombre en la orilla nos gritó:

–¿Tienen algún pez?

Yo no estaba interesado. Jacobo respondió gritando:

–¡Ninguno!

–Prueben del otro lado –respondió el hombre–. Encontrarán algunos.

Que tonto, pensé. No había peces, habíamos estado toda la noche. ¿Cómo es posible que él supiera más desde la orilla que nosotros que estábamos en el agua? Pero, algunos de los hombres hicieron lo que les dijo. La embarcación comenzó a sacudirse. La fuerza de los peces nadando dentro de la red casi nos tira.

¿Qué estaba ocurriendo?

Me puse de pie y miré al hombre de la orilla. Y lo supe. ¡Era Jesús!

Sin pensar, salté de la barca; llorando y llamándolo nadé hacia la costa.

Cuando los demás llegaron con la barca, Jesús tenía preparadas las brasas, y nos pidió algunos peces para cocinarlos. Fui a la embarcación y tomé las redes. Había ciento cincuenta y tres peces y, sin embargo, la red no se había rasgado.

Cocinamos los peces y comimos el pan. Sentí que todo estaba bien otra vez, que estábamos en casa. Nadie quería que terminara el desayuno.

Pero, cuando vi que Jesús me miraba, otra vez tuve miedo. Todavía no había hablado acerca de mi traición. Jesús dijo:

—Pedro, ¿me amas?

Nunca he querido convencer a alguien de la manera que lo hice ese día. Quería que Él lo supiera; pero en el pasado yo me había enorgullecido de mi amor por Él y había fallado en cumplir con mis declaraciones.

—Por supuesto, sabes que te amo.

—Entonces, alimenta a mis ovejas.

—¿Me amas Pedro?

—Ve, alimenta a mis ovejas.

—¿Me amas Pedro?

—Ve alimenta a mis ovejas.

Fue como si Él dijera: "Tú, el más pecador, ve a edificar mi Iglesia. Porque yo sé que ahora tienes una gran humildad, tienes un entendimiento fresco de que hay un Dios amoroso y que tú no eres Él. Ahora tienes la gracia que darás".

No sabía cómo era posible que Él quisiera que yo lo representara, pero acepté.

La corriente del llamado

La Biblia no es un libro sobre personas amorosas y perfectas, sino que está llena de la gente más desastrosa de todas las generaciones; sin embargo, Dios se movió en medio de ellas.

Dios siempre fue partidario de tomar lo necio para avergonzar a los sabios y escoger a las personas heridas e imperfectas para demostrar su gloria.[1]

Recién después del momento más oscuro en su vida, Pedro tiene el mayor impacto. Jesús se acerca a él en su desorden. Demuestra su poder una vez más a través de la incapacidad de Pedro. Cocina para los discípulos. Come con ellos. Pasa un rato frente al fuego a su lado. Y luego, le pide a Pedro que alimente a otros, que dé el amor que ha recibido. Jesús tenía un mensaje para Pedro, y para nosotras: todo lo que tenemos, todo lo que hacemos, viene a través de Él, y debe ser compartido en comunión con Él. Este es Jesús y esto es lo que quiere para nosotras. Quiere que estemos con Él y que luego compartamos lo que hemos recibido por haber estado con Él. Cuando te conectas con Dios de esa manera, se vuelve contagioso.

Cuando por primera vez abracé el audaz llamado de discipular a una generación, de alguna manera creí que Dios quería usar mis dones y esfuerzo. Pero esa nunca sería mi historia. Y no estoy sola. No fue la historia de nadie que haya sido usado poderosamente por Dios, ni siquiera en los tiempos bíblicos. Nunca será la historia de alguien usado grandemente por Él. Desde Moisés, el tartamudo que liberó a una nación; hasta David, el adúltero que fue un hombre conforme al corazón de Dios; pasando por Rahab, una prostituta que se convirtió en la heroína de Israel; y luego Harriet Tubman, un ex esclavo sin educación que liberó a cientos; o la Madre Teresa, una menuda mujer que se responsabilizó de las mayores necesidades del mundo. Son "los menos importantes" a quienes Él prefiere usar, así que si sientes que no vales lo suficiente ¡celebra!, y agradece que seas libre del peso de tratar de demostrar que eres perfecta. Estás en compañía de los poco calificados, aquellos en quienes Dios está esperando soplar fuertemente.

Luego de mi viaje recorriendo la vida de Jesús, –y de ver las maneras en que Él claramente es más que suficiente para cubrir mis debilidades, mis miedos, mis heridas, mis fracasos, el desastre general de mi vida–, finalmente creí en Dios al punto de hacer mi temblorosa confesión mirando hacia una luz cegadora con más de un millón de personas que me observaban: *no valgo lo suficiente*. Desde entonces, desde que dejé de intentar ser competente, soy mejor líder que antes. Me divierto más. Soy más libre. Disfruto trabajar *con* Dios mucho más de lo que me hubiera imaginado.

CREANDO LA LUZ

El mensaje del mundo es simple: tú puedes. Por ti misma, lo puedes hacer. Pero ese mantra nos falla, porque en nuestro interior sabemos que no lo somos o porque nuestra autoestima se infla demasiado y seguimos nuestra vida independientemente de Dios y de la gente. Cualquiera sea el resultado, nos deja solas y desilusionadas. El amor propio no es la respuesta.

Entonces, ¿por qué estamos trabajando tan duro en la vida para marcar una diferencia por nuestra cuenta?

Juan empieza su Evangelio sobre Jesús con una verdad increíble: Dios vino por nosotros y a nosotros; y luego ofrece una imagen increíble de lo que Jesús traería, la luz brillando en la oscuridad y convirtiéndose en la luz de los hombres.[2]

Cuando pienso en la luz, veo que cada una de las bombillas que alguna vez los humanos han creado requiere energía o algún tipo de fuerza para iluminar. Las lamparitas de luz se acaban con el tiempo, incluso las luces LED. Las linternas, las luces de los autos, las lámparas... todas reciben su energía de alguna otra fuente que puede acabarse o agotarse.

Luego, pienso en la luz que Dios crea. El fuego salvaje, el sol constante, billones de estrellas todas iluminando con gran fuerza, toda la luz que Él crea no necesita de nada para existir. No requiere de otra fuente de energía. Simplemente existe.

Cuando pienso en nuestras mochilas y en nuestra lucha, me doy cuenta de que estamos intentando crear la luz. He intentado producir luz.

- Intentamos contarles de Dios a las personas que amamos, elaborando estrategias con perfectos discursos, en lugar de arrodillarnos.
- Procuramos controlar y proteger nuestras vidas del sufrimiento, antes que confiar en que Dios busca el bien para nosotras en todo lo que permite.
- Leemos libros para padres y tratamos lo mejor posible de criar niños que amen a Dios y estén protegidos del dolor. Y cuando se rebelan o sufren, nos olvidamos de que casi todos nuestros viajes personales hacia Dios involucran rebelión o dolor.
- Empezamos a controlar o a hacer todo nosotras mismas, en lugar de arriesgarnos a que otros se involucren y cometan errores.
- Pasamos solas por la tragedia porque no queremos molestar a la gente, creyendo la mentira de que "no

necesitamos la ayuda de nadie" para socorrernos en los peores momentos.

Y ¿adivina lo que sucede cuando la gente intenta producir luz? Se cansa. El intento quita la energía, como cualquier luz que ha sido creada por el humano.

Entonces, ¿qué sucedería si en lugar de intentar generar luz, simplemente, la recibiéramos? Eso suena mucho más divertido para mí, mucho más fácil. Difundimos malas luces porque fuimos creadas para disfrutar y reflejar la luz, no para producirla.

La visión de Dios para nuestras vidas fue que recibiéramos su luz y luego la diéramos al mundo. En Mateo 5:14 Jesús dice: "Ustedes son la luz del mundo". La mayoría de las veces, el Nuevo Testamento se refiere a Jesús como la luz; pero cuando su Espíritu vive en nosotras, somos la luz del mundo. Recibimos a Jesús y luego lo entregamos.

La medida en que creamos y abracemos nuestra identidad como hijas de Dios llenas del Espíritu Santo marcará el nivel en que su luz brille a través de cada una. Somos de Dios y Él es nuestro. Él está en nosotras, obra por nosotras y con nosotras. Es nuestra identidad. Y eso cambia todo.

Si abrazáramos nuestra verdadera identidad, no solo que descansaríamos de intentar hacer cosas imposibles, sino que nos sentaríamos en asombro de su intensa, alocada, imponente luz, que no está contenida y que es completamente accesible.

Recuerdo la primera noche que conocimos a Cooper, con casi cuatro años en Ruanda. Estábamos acostados mirando al techo, sin ser conscientes de los enormes desafíos que vendrían más adelante. ¿Cómo podríamos ser padres de un niño que nunca había conocido el amor? ¿De dónde vendría ese amor incondicional? ¿Cómo lo disciplinaríamos mientras intentábamos que se sintiera seguro? ¿Y cómo formaríamos en Cooper la identidad de hijo cuando él no sabía lo que era una mamá y un papá? Honestamente, no leímos lo suficiente sobre adopción de antemano.

Luego, mirando al techo, como si hubiera encontrado una solución para el trabajo monumental como padres que se nos venía encima, Zac dijo: "La medida en que yo sea capaz de recibir el amor incondicional de un Dios que me ha adoptado a mí en su familia, será el nivel en que yo le refleje ese amor a Cooper".

Es tan simple y tan complejo. Todo fluye de nuestra identidad. Las líneas del frente de batalla en nuestra alma no es la lucha por hacer lo que no somos o que no esperamos ser, sino una batalla por creer en el Único al que pertenecemos y de quien somos. Cuando estamos establecidas y seguras en esa verdad, la Luz que nos llena no puede menos que brillar.

Cuando no estamos seguras de nuestra identidad, nuestras acciones hacia los demás se convierten más en amor propio y desempeño que en servicio y ministerio. Parte de lo que me provocaba ansiedad en cuanto a estar en el liderazgo era que si me iba a involucrar, quería hacerlo perfectamente. La simple obediencia a Dios no era suficiente. Quería ser increíble y admirada en el proceso.

Cuando leo 1 Tesalonicenses 5:5, "Todos ustedes son hijos de la luz y del día. No somos de la noche ni de la oscuridad", siento que Dios está diciendo: "*Bueno, Jennie, puedes seguir viviendo así, trabajando duro, intentando crear tu propia luz en la oscuridad. O puedes caminar en quien realmente eres: Mi hija, una hija del día, una hija hecha para disfrutar del sol. Puedes seguir intentando ser competente todos los días de tu vida o puedes rendirte. Yo te prometo todo lo que estás anhelando: paz, gozo, diversión; no perderte esos momentos con tus hijos que están creciendo muy rápido; disfrutar de mí otra vez; una conexión profunda con*

tu familia; mis propósitos para tu día; seguridad. Te voy a mostrar
cómo recibir todo eso. Incluso te mostraré cómo darlo".
Sé que parece al revés. Tendrás que confiar en mí. Las maneras opuestas de Jesús funcionan de verdad.

CREANDO FRUTO

Amiga, tú y yo fuimos invitadas a ser parte de la obra más épica, increíble y eterna, pero muchas de nosotras nos la perdemos porque seguimos intentando estar a la altura y tratamos de hacerlo en nuestras fuerzas. Entonces, ¿cómo lo lograremos? ¿Cómo vamos a hacer para cambiar y ser diferentes?

Lo haremos al tomarnos en serio las palabras de Jesús en Juan 15: "Permanezcan en mí, y yo permaneceré en ustedes. Así como ninguna rama puede dar fruto por sí misma, sino que tiene que permanecer en la vid, así tampoco ustedes pueden dar fruto si no permanecen en mí. Yo soy la vid y ustedes son las ramas. El que permanece en mí, como yo en él, dará mucho fruto; separados de mí no pueden ustedes hacer nada".[3]

Nuestra directiva de Dios es clara y simple: *Deja de intentar. Vive en mí. Yo produzco el fruto. No tienes que trabajar tan duro en esto. Puedes sentir la urgencia de mi pueblo y al mismo tiempo estar tranquila en tu alma. Puedes vivir. No tienes que correr tan rápido.*

En realidad es bastante cómico que pensemos que podemos producir fruto.

¿Alguna vez comiste una pera de Harry & David, la compañía de comidas y regalos?

¡Esas peras! La existencia de peras así de jugosas y perfectas es la evidencia de que Dios existe, ¿verdad? Las compré para alguien esta semana, y ella casi lloraba de lo mucho que le gustaron. Esas peras realmente son uno de los mejores regalos.

Bueno, cuando comes esa pera sabes que tiene que haber un Dios. Una fruta fresca, perfectamente cosechada y jugosa. Ningún hombre llamado Harry o David podría haber inventado esto. Los humanos no pueden crear productos como estos.

Dios produce las frutas más dulces, increíbles y deliciosas de la tierra, y son mejores que todas las comidas procesadas de este mundo hechas por los hombres. Las peras de verdad tienen un asombroso sabor, nos hacen bien y nos muestran la gloria de Dios. De la misma manera la fruta, —como las relaciones, conversaciones y acciones con impacto eterno—, emergerán naturalmente a medida de que lo busquemos a Él, de que lo amemos, de que pasemos más tiempo con Él, de que vivamos en Él.

Permíteme decirte qué es lo que hacemos en su lugar: estamos creando galletas procesadas. Los humanos no hacemos frutas, hacemos galletas procesadas. Y son sabrosas. Me gustan mucho. Pero todos se están enfermando con el azúcar procesada que estamos entregando en forma de estrategias de autoayuda e impulsos para la autoestima. Dios nos dio una gran identidad en la cual podemos encontrar una profunda seguridad y confianza, pero solo proviene de quién es Él y de lo que ha hecho por nosotras.

Permíteme ser absolutamente clara: realmente no hace falta que aseguremos nuestra identidad; es necesario que seamos noqueadas por Dios. Cuando crecemos en adoración nos olvidamos de nosotras mismas. Al enfocar nuestra mirada en Dios somos consumidas por Él, y dejamos de preocuparnos de que nuestra identidad esté arreglada o no.

Viviremos y amaremos según nuestra visión de Dios.

Para esto, tenemos que dejar algunas cosas. Debemos abandonar nuestro esfuerzo, nuestro desempeño, el fingir, las obras que pensamos que demuestran nuestro valor a las personas y a Dios. Será lo más contradictorio que haremos jamás.

Pero, honestamente, todo esto tiende a caer cuando nos paramos delante de nuestro Dios inimaginable.

En efecto, todo lo que tenemos que hacer es estar con Él.

Estar con Jesús, que es nuestra vid, que nos da agua y nos nutre a través de nuestras ramas. Tener conexión con Él es la manera en que nuestra alma sacia su sed y también recibe el constante suministro de agua requerida para producir fruta madura, de sabor dulce.

Si un árbol frutal no recibe suficiente agua, la fruta que produce tendrá sabor amargo y seco o incluso simplemente caerá en lugar de seguir creciendo hasta su madurez. Una cantidad adecuada de hidratación es absolutamente necesaria para producir los azúcares que crean una fruta increíble, completamente madura.[4]

Para que nuestras vidas produzcan un fruto que sea atractivo y eterno, necesitamos un suministro constante de Dios, del agua que fluye y satisface que Él contiene, que derrama en nosotras por el simple hecho de acercarnos, por conocerlo, por estar junto a su Palabra y a su presencia.

CAMBIANDO EL MUNDO EN SILENCIO

Recientemente, estaba mirando una película sobre la iglesia primitiva. Jesús recién había ascendido al cielo, y Pedro, junto con todos los discípulos, estaba en la misma habitación donde el Señor les había lavado los pies. No sabían qué hacer.

Alguien miró a Pedro y le preguntó: "Si Jesús estuviera aquí ¿qué haría?".

La futura iglesia pende de un hilo.

Yo estoy sentada, observando ese momento, preguntándome: *"¿Qué dirá Pedro, la persona que daría inicio a la iglesia? ¿Qué es lo primero que hacen? Están esperando al Ayudador que Jesús les prometió. ¿Qué es lo que hacen para construir un movimiento que alcance al mundo? Tiene que ser algo grande, impresionante, creativo y estratégico".*

¿Sabes lo que dijo? "Oremos".

En mi habitación, en mi pijama escocés, con mi hija al lado mirando la película, empecé a llorar. Cuando Pedro dijo "oremos", mi miedo y mi lucha simplemente se derritieron.

No cambiamos al mundo con influencia, poder y estrategias creativas.

Observamos a Dios cambiar el mundo cuando oramos, esperamos y creemos.

Esto es lo que hacemos. Creemos que Dios es real y hablamos con Él. Pero la mentira es esta: si no es algo grande, no importa. Luego, como consecuencia de que creemos eso, hacemos de la influencia nuestra meta en lugar de amar a Dios y a las personas con nuestros dones y nuestra vida.

Si haces que la influencia sea el objetivo, tu corazón se consumirá por lo que piensa el mundo. Te perderás la increíble obra del Espíritu Santo que sucede justo delante de tus ojos; tu alma se enfermará mucho porque nunca estarás satisfecha, y en lugar de entregar a Dios por medio de sus dones, lo usarás a Él para llegar a algún lado.

"... les animamos... a procurar vivir en paz con todos, a ocuparse de sus propias responsabilidades y a trabajar con sus propias manos".[5] Deseemos ser útiles en vez de importantes. Busquemos levantar el nombre de Dios en vez del nuestro.

No quiero fijar mi mirada en el impacto, quiero enfocarme en Jesús y en conocerlo más.

Cuando los discípulos oraron, les fue dado el Espíritu Santo, y luego su misión y propósito fueron tan simples y claros. Solo comenzaron a salir y a predicar de Jesús, se arrodillaron al lado del enfermo y lo sanaron. Les decían a todos: "El Mesías ha llegado. Él es real. Él ha resucitado. No querrás perdértelo".

Por primera vez en toda la historia, la iglesia y el Espíritu de Dios estaban en libertad, y el Espíritu estaba con su pueblo y en ellos. Esa es LA historia, y si piensas por un segundo que ha cambiado desde ese día, no lo ha hecho. Nada es diferente.

¿Qué es lo que no creemos de Dios?

¿Tratamos de hacer el trabajo de Dios sin Dios?

Imagino esta generación de gente de Dios, realizando y construyendo plataformas o escondiéndose en el fondo por miedo. No miramos a Dios, nos miramos entre nosotros.

Me imagino a Dios diciendo: *"Si mi pueblo invocara mi nombre, confesara sus pecados y creyera en mí, los haría libres y me movería a través de ellos de formas que ni se lo imaginan".*

Esa es la historia; ese el plan de Dios. ¿Cómo conseguimos sumarnos? Dejemos de intentar ser grandiosas y, simplemente, permitamos que Dios sea grandioso a través de nosotras.

Mira, quiero ser esa clase de discípula que sale de tener su tiempo con Dios llena del Espíritu Santo, y deseando descender hacia las personas que necesitan a Jesús y proclamar su Nombre sin detenerme hasta que muera. No porque estoy luchando, sino porque el Espíritu Santo está en mí y me ha cambiado, y ¿qué más puedo hacer yo que ir a contarle a todos lo que sé de Dios, quien nos salva de nosotras mismas y de nuestro pecado?

Una noche, cuando estaba dudando acerca de mi llamado y de mis dones, en lugar de decirme un halago y aumentar mi endeble autoestima, Zac me envió una cita de Charles Haddon Spurgeon:

Nos sucederá que, cuando la historia de nuestra vida sea escrita, quien sea que la lea no pensará en nosotros como un "un hombre que ha triunfado por su propio esfuerzo", sino que nos verá como la obra de las manos de Dios, en quien su gracia es magnificada. No en nosotros el hombre puede ver la arcilla, sino que la ve en las manos del alfarero. Dijeron de uno: "es un predicador refinado", pero de otro dijeron "ni observamos cómo predica, sino que sentimos que Dios es magnífico". Deseamos que toda nuestra vida sea un sacrificio, un altar de incienso continuamente humeante con el dulce perfume del más Alto".[6]

Simplemente mostrar a Dios se ha convertido en mi mayor objetivo.

¿Qué llamado sería mayor que vivir para que la estupenda gracia de Dios sea magnificada en nuestras vidas? Como Pedro, vamos a alimentar a sus ovejas con la verdad del perdón, la gracia, el amor y el poder de Dios. No con regalos ni discursos ostentosos, sino en nuestra debilidad, porque nuestro objetivo es levantar el Nombre que nunca morirá.

LAS PEQUEÑAS COSAS SIMPLES

Permanecemos, sí. Casi parece algo pasivo. Pero nota que inmediatamente después de que Jesús habla de permanecer en Juan 15, habla de ser fructíferos. El peligro de aceptar la suficiencia de Dios es que nos volvemos complacientes. Sentimos que Él se ocupa de todo, por lo tanto no es necesario que hagamos nada.

Mientras que hemos complicado por demás nuestro llamado, la solución no es irnos al extremo de la nada, dejar de prestar atención e inutilizar la obra de Dios a través de nuestras vidas. Las personas lo necesitan a Él, y nosotras somos el medio por el cual elige mostrarse. Simplemente, nos damos cuenta de que somos potenciadas por el Dios del universo para ir y hacer el trabajo. Otra vez, la forma en que avanzamos en esto es demasiado simple. ¿Estás lista?

Dejamos de tener miedo de hacer las pequeñas cosas que Jesús dijo que hagamos.

¿Qué dijo que debemos hacer? Dijo que:

Oremos.

Nos aferremos fuertemente a su Palabra.[7]

Lo amemos con todo nuestro corazón, alma, mente y fuerzas, en vez de aparentar que lo hacemos.[8]

Amemos a nuestro prójimo.[9]

No dijo que peleemos cada batalla cultural de nuestra época, porque sabía que las peleas de este mundo pasarán. No importa cuán importante sea la lucha cultural, adivina por qué: porque en el cielo no importará.

Peleamos para que la gente crea en Dios. De hecho, todo se reduce a esto: permanece y ama.

Me gusta mucho Juan 15 porque nos da una imagen de cómo esto funcionará. Él dice: *Escuchen. Se quedan conmigo, permanecen en mí, oran, leen la Palabra, están conmigo, me aman, se quedan cerca. Ustedes solo serán una pequeña rama. Yo soy el que producirá fruto. Lo produciré a través de ustedes.*

El Señor tiene una gran visión para nosotras, pero será el encargado de la mayor parte. Él dice: *"me mostrarás a mí. Voy a ascender al cielo, te daré mi Espíritu; tú saldrás y yo produciré fruto a través de ti".*

Leí en el libro de los Hechos sobre los discípulos después de ser llenos del Espíritu Santo, y quise lo que ellos recibieron. Luego me di cuenta de que ya lo tengo.

Luego de que Jesús perdonó libremente a Pedro y le dio una misión allí en la playa, el discípulo finalmente tuvo una paz inmensa que hizo que dejara de pelear por su lugar y empezara a luchar por liberar a las personas. Una determinación lo inundó con paz, gozo, conexión, presencia, misión, seguridad y descanso. Todo eso es nuestro también, tuyo y mío, mientras buscamos hacer una diferencia en un mundo herido.

Entonces, ¿qué hacemos?

Quiero que consideres que puede parecer que te alejas, y no es solamente que tu alma cambia, sino que en realidad sabes lo que tienes que hacer cuando te encuentras tratando de ser suficiente. Cuando tienes la sensación de que no vales lo suficiente. Cuando te das cuenta de que te mueves hacia ese triste lugar que dice: *¿Qué hago? Me siento paralizada y no sé qué hacer.*

¿Sabes lo que sucede cuando vamos a encontrarnos con Jesús, cuando entramos a su presencia, cuando nos detenemos en su Palabra y la memorizamos, cuando en nuestra iglesia local estamos en auténtica comunidad y somos honestas con nuestras luchas sin aparentar y sin demostrar nuestro rendimiento?

No hay oscuridad que nos pueda enfrentar.

Nada puede enfrentar la fuerza de Dios moviéndose a través de un alma completamente enamorada de Él.

Son las cosas simples las que cambiarán al mundo.

Son las cosas antiguas, poco originales las que cambiarán tu alma.

Te sientas con Él con su Palabra, junto a un pequeño grupo de personas que te entiendan, y dices la verdad sobre tu alma. No dejas la iglesia. Construyes la iglesia. Haces la obra simple de amar a Dios y amar a las personas. Es desprolijo, arduo, no es muy elegante. Y eso se parece a Jesús.

CONOCERLO, AMARLO Y DARLO

Hay un mundo hambriento y sediento allá afuera que anhela encontrar un significado en su vida. Tus vecinos están pasando por divorcios, muerte de niños, abuso, y oran durante la noche si existe un Dios. Tú puedes traérselo. No tengas en poco el entregar a Dios a la gente. Para eso fuimos creadas. Utilizamos nuestros dones, de alguna manera, en cualquier lugar, en todo momento. Olvídate del tamaño, los números o el alcance.

Oh, temo que hayamos puesto glamour en lo que significa seguir a Jesús. Pensamos que sucede en las plataformas, en libros y en blogs, pero sucede alrededor de una mesa, en los vecindarios y en los livings de las casas. Apuesto que las cinco personas que cambiaron tu vida estaban cerca de ti, invirtiendo tiempo en tu vida.

¿Quieres saber qué es lo más importante? Una persona sentada junto a otra, abriendo la Biblia y diciendo: "¿Conoces a Jesús?". Eso es lo más grande.

Luego pienso en todas las excusas que nos decimos acerca de por qué Él nunca podría fluir por nosotras. Es la historia de mi vida. Todavía son las mentiras con las que lucho: no valemos lo suficiente. No tenemos suficiente. No hay suficiente.

Pero luego pienso en ser parte de esta grandiosa historia de Dios, ¿te lo imaginas?

Él está esperando. Espera y quiere entusiasmarse contigo. ¿No sientes que llegas a la medida? Entonces, eres exactamente quien Dios está buscando. Eres la elegida. Él nos quiere a ti y a mí: las perdedoras, las heridas, las pecadoras, las que saben y aceptan lo mucho que lo necesitamos. Así es como Él obra. Cada persona en la Biblia, además de Jesús, estaba herida, tenía miedo, era insegura, temerosa, estaba ocupada, no tenía suficiente tiempo, ni suficiente dinero, ni suficiente de nada, y Dios se movió a través de ellos para cambiar la historia.

La eternidad será cambiada por un pequeño ejército que decidió que nada en la tierra iba a detenerlo.

¿Cómo cambiará la eternidad?

Muchas nuevas personas, nuevas ideas, nuevas palabras, nuevas estrategias reclamarán ser la respuesta a nuestra sed de cambiar el mundo para Dios. Pero es de la antigua y silenciosa conexión con la vid de la que fluye el poder. Jesús está contigo. Está a tu favor. Y la única manera en que disfrutaremos del trabajo y de la alegría que Él tiene para nosotras aquí es ¡pasar la vida con Él!

Haz que tu meta sea amar y conocer a Jesús lo más posible humanamente, y el ministerio *sucederá*.

Jesús lo dice tan hermosamente a sus discípulos en Juan 15-16. Quiero lanzarte al mundo con una visión clara como el cristal de cómo vivimos el fantástico llamado de Dios en nuestras vidas, así que tomé las palabras de Jesús y reescribí su deseo aquí.

Escucha su corazón y visión para ti:

Hay tanto que les he enseñado, tanto que les he mostrado, pero quiero dejar en claro lo más urgente. Quiero que entiendan lo que significa vivir la vida sin mí a su lado. Confíen en mí, es mejor que me vaya. Les enviaré a un Ayudador que los llenará, los equipará, les recordará todo y estará con ustedes. Esta relación conmigo es solo el comienzo.

Permítanme decirles cómo disfrutarlo mientras sus vidas continúan. Porque aquí, en este mundo tendrán problemas. Pero sean valientes, yo he vencido al mundo.

¿Se acuerdan cuando caminamos por los viñedos juntos? Vimos al labrador podando las ramas. Así es como el Padre los cuida, podándolos. Es doloroso y puede parecer injusto a veces, pero Él solo

corta las ramas que ama. No le teman al dolor, recíbanlo y miren cómo produce mucho más fruto que nacerá en ustedes.

No intenten producir fruto, es imposible. Yo soy la Vid y la Fuente; ustedes son simplemente las ramas que están apegadas a mí. Mientras permanecen cerca de mí, íntimamente a mi lado, los inundaré de nutrientes, de vida, de paz y gozo, y sus pequeñas ramas producirán abundancia de fruto. Así es como funciona.

Si no siguen conectados, se marchitarán. Se sentirán vacíos, sedientos y abrumados con esta vida y con su pecado, y ciertamente no podrán ayudar a nadie más. Pero, si permanecen en mí y cerca de mí, no solo les daré agua y vida, crearé fruto dador de vida saludable a través de ustedes. El vino rebosante, la fuente de agua abundante, el pan milagroso para los hambrientos, la sanidad y el descanso que anhelan, el poder y la esperanza por sobre la muerte, todo esto derramaré sobre ustedes y a través de ustedes para el mundo hambriento y sediento.

Nunca olviden de dónde proviene todo esto y encontrarán mucho más.

Recuerden, es solo en mí, conmigo, a través de mí, gracias a mí que tienen vida para disfrutar y para dar.

"Siéntanse como en casa con mi amor. Si guardan mis mandamientos, permanecerán íntimamente en casa con mi amor".[10]

-Jesús

GUÍA DE EXPERIENCIAS

CALMA

"Por lo tanto, si alguno está en Cristo, es una nueva creación. ¡Lo viejo ha pasado, ha llegado ya lo nuevo! Todo esto proviene de Dios, quien por medio de Cristo nos reconcilió consigo mismo y nos dio el ministerio de la reconciliación".

2 Corintios 5:17-18

¡Cielos, yo creo en ti! Solo sé que Jesús puede cambiar el mundo a través de ti. Al dejar la lectura en este punto, sueña en grande e imagina cómo Dios puede moverse. ¿Cuáles son tus sueños y anhelos?

ENTRA EN LA CORRIENTE

Cuando termines este libro
¿cuál será tu primer paso de
obediencia?

MÉTETE MÁS PROFUNDO

Escribe una carta para ti misma. Cuenta...

- lo que estás esperando,
- qué es lo que dejas atrás,
- qué es lo que ha cambiado en tu visión de
  Cristo al leer este libro,
- dónde piensas estar en un año.

SACIA TU SED

La mentira que estás rechazando es

_____.

La verdad que estás creyendo es que Jesús es
suficiente para _____.

EL DESBORDE

¿Cómo puedes esta misma
semana transmitirle esta verdad a alguien?

Pensamientos finales

Lo que creemos sobre Dios

Comenzamos esta travesía dejando en claro que hay un enemigo que quiere sacarnos de en medio. Pero terminamos en un lugar diferente. No finalizamos enfocándonos en un enemigo, ni siquiera en nosotras mismas. Miramos a nuestro Dios. El que nos hace libres, el que fluye en nosotras y a través nuestro cambia todas las cosas. Y quien un día finalmente saciará nuestra sed más profunda.

El libro de Apocalipsis describe ese día: "Luego el ángel me mostró un río de agua de vida, claro como el cristal, que salía del trono de Dios y del Cordero, y corría por el centro de la calle principal de la ciudad".[1] Está llegando.

Entretanto, deja que tu sed te recuerde que debes volverte al Único que puede saciarla.

Estoy convencida de que podríamos ser una generación que viva por fe, llena de fe, inundada de la presencia de Dios y centrada en Él antes que en nuestra suficiencia y en nuestros esfuerzos por demostrar quiénes somos en este breve suspiro de vida. Tenemos una misión y un Dios glorioso que está completamente disponible para nosotras.

A medida que entramos en sus corrientes de abundancia, vivimos en libertad y en paz. Sin yugos. Sin luchar más. Sin esforzarnos por hacer un buen papel.

Todo lo que anhelamos fluye desde nuestro Dios creador que nos adora. Avanzamos con una fe valiente y audaz en lo que Él declara sobre sí mismo y sobre nosotras:[2]

Yo soy el que soy

Yo soy el comienzo y el fin.
Yo soy el primero, y soy el postrero.

Yo soy la luz; el que está en mí no andará en tinieblas.

Mis manos hicieron los cimientos de la tierra,
y mi mano derecha esparció los cielos.
Cuando yo los llamo, se reúnen.

Antes que te formase en el vientre, te conocí.

Te elegí y te señalé para ir
y llevar fruto, y que tu fruto permanezca,
para que todo lo que pidas al Padre en mi nombre,
Él te lo conceda.

Yo soy el que borra tus errores…
No recordaré tus pecados.

Todos los que me reciben,
los que creen en mi nombre,
les doy el derecho de ser hijos de Dios.

¿No sabes que eres templo de Dios
y que su Espíritu habita en ti?

Mi Espíritu está contigo.

No te dejaré.

Te prepararé para toda buena obra que he planeado.

No te di un espíritu de temor,
sino de poder, amor y dominio propio.

Yo edificaré mi iglesia a través de ti,
y las puertas del infierno no te vencerán.

Te consolaré mientras esperas en mí.

Te recordaré que todo esto es real.

Yo voy en camino.

Mi firme amor permanece para siempre.

En solo un poquito…
Estoy yendo, y te llevaré al lugar donde estoy.

Tú heredarás la tierra.

Estarás conmigo.
Secaré toda lágrima de tus ojos y no habrá más muerte.
Observa, estoy haciendo nuevas todas las cosas.

Mi Reino está viniendo.
Mi voluntad será hecha en la tierra como se hace en el cielo.

Reconocimientos

Hubo un tiempo en mi vida en que oraba pidiéndole ayuda a Dios, esperando que viniera directamente de parte de Él de alguna forma misteriosa, pero ahora sé que a menudo Él responde a través de sus hijos. Justo antes de este libro, una de esas personas, Jonathan Merrit, me desafió con valentía y me dijo que estaba escribiendo el libro equivocado. Sin dudas estaba en lo cierto, pero a tres semanas de la entrega, habiendo trabajado en él por un año, tener que comenzar todo de nuevo parecía una locura.

Así que mientras daba vueltas y vueltas en nuestra oficina con mi querida amiga Lindsey Nobles, quien siempre me ayuda a hacer frente a las locuras que Dios me llama a realizar, supe que él tenía razón. Y así comenzó la aventura de escribir un nuevo libro con toda mi alma. Esas palabras me constarían a mí y los que me rodean más de lo que teníamos. Sabes, escribir es un proyecto grupal gigantesco en el que una persona suele llevarse el crédito.

Así que este es mi intento por rectificar aquello.

Primero, a Dios. Nunca me dejaste quedarme cómoda. Y mientras que a veces enloquezco, en realidad es lo que amo de ti, porque sé que cuando estoy en incomodidad es cuando más te necesito. Entonces gracias por empujarme una vez más y aun por estar conmigo en cada segundo. Eres un buey confiable y bueno. Y yo también disfruto de vivir y trabajar contigo. Ruego que estas palabras te hagan aunque sea un mínimo acto de justicia.

A Zac: Eres mi mejor amigo, mi lugar seguro. Me dejas ser alocada, aunque eso te cueste. Llenas los huecos, y nunca demuestras que soy yo quien abandona esos espacios. Eres el esposo y amigo más increíble que podría llegar a imaginar. Estoy agradecida de que trabajamos duro desde los primeros tiempos de matrimonio, así que ahora podemos disfrutar estos años. Amigo, sabes que este libro no podría ser realidad sin ti. Y estoy segura de que no hubiera sido tan bueno. Tú me haces mejor, ¡e hiciste este trabajo mejor!

A Conner, Kate, Caroline y Coop: Su fe en Dios y su apoyo hacia mí se demostró en estos últimos meses. Este libro les costó a ustedes más que a nadie. Y aun así, como siempre, se ayudaron unos a otros. Son el puñado de niños menos egoístas de la tierra. Estoy muy orgullosa de ser su mamá.

A mi familia: Mamá y papá, son simplemente los mejores padres en la faz de la tierra. No podrían ser más serviciales, y estoy muy agradecida a Dios por habérmelos dado. Y Carolyn y Randy son el par de alentadores más increíbles de nuestras vidas. Y son los mejores abuelos de nuestros hijos. ¡Ellos son muy afortunados de tenerlos a ustedes cuatro! Muchas gracias. Y Ashley, eres mi otra hermana. Sentadas en la playa le dimos forma a estas palabras. Las conversaciones telefónicas contigo encienden mi amor por Dios. Eres un gran tesoro en mi vida.

A mis amigas: Gracias por no abandonarme. Ustedes son muchas como para mencionarlas a todas por nombre, pero específicamente a: Lindsay Nobles, Bekah Self, Sarah Henry, Julie Manning, Jessica Honegger y Laura Choy. Son mi soporte diario, y no puedo imaginar la vida sin ustedes. Gracias por ayudarme a ser valiente y darme coscorrones cuando me equivoco. Por siempre agradecida a ustedes.

A mi familia de IF:Gathering: Nunca soñé con tener en mi vida una familia como ustedes. Desde hermanas en todo el mundo a gente que llena la oficina en la que me gusta tanto estar cada día. En todos los sentidos este libro es para ustedes y por ustedes. Y un agradecimiento especial a mi equipo en Austin: Lindsey Nobles, Jordyn Perry, Hannah Warren, Jordan Todd, Sam Littlefield, Jordan Paden, Bre Lee, Amy Brown, Brooke Mazzariello, Lisa Huntsberry, Aly Bonville, Kelsey Harp, Lauren Sterrett, Elizabeth Milburn, Rachel Lindholm y Melissa Zalvidar por darme ideas y correr hasta Gruene [en Texas] para ayudarme cuando estoy atorada; por tenerme paciencia cuando faltaba a mis reuniones *nuevamente* por causa de las correcciones editoriales; por estar conmigo, transcribir mis charlas, por hacer andar el cable de mi computadora cuando estaban de buena racha, y por vigilar el fuerte de una manera tan hermosa. Elizabeth y Melissa, las dos hicieron mucho trabajo pesado para este libro. *¡Muchas gracias a todas!*

Al equipo de Yates and Yates: De nuevo les agradezco. Nada de lo que les diga es suficiente. ¡Ustedes son todo! Son una imagen fidedigna de lo que es el Cuerpo de Cristo. Pasaron mucho tiempo usando sus dones individuales trabajando detrás de escena para asegurarse de que este sea el mensaje correcto y la mejor manera de mostrar a Dios. Curtis y Karen, ustedes son como nuestra familia. Y no puedo imaginarme si no nos hubiéramos encontrado hace unos años; nuestras vidas no serían las mismas.

A WaterBrook: Cielos, desde nuestro primer encuentro pensé que era demasiado bueno para ser cierto. Todos ustedes tuvieron sueños más grandes que los que yo tenía (y eso por decir algo), y creyeron en mí con tanta pasión. Me han dado todo de ustedes, han venido y han pensado de una manera creativa y sin estructuras en cuanto a alcanzar a las mujeres, me han apoyado, incluso cuando los volví locos y cambié todo el libro a último momento. Sinceramente no podría pedir un mejor equipo.

A mi editora, Laura Barker: Cuando alguien decide escribir salvajemente un libro en tres semanas, allí hay pasión, allí hay un mensaje, ¡pero es un desastre! Laura, tú mereces más que nadie que tu nombre esté en la tapa del libro, debido a las horas, días y semanas que pasaste leyendo cuidadosamente cada palabra, ayudándome a pensar mejor y empujándome más allá de lo que pensé que yo podía dar. No puedo darte las gracias de manera suficiente por estar en esto conmigo. Puedo decir con honestidad que este libro no existiría sin ti.

A la familia de mi iglesia en Austin Stone: Gracias por ser esa fuerza silenciosa en mi vida. Me nutren de Jesús cada semana. Sin dudas su influencia en mi vida está a lo largo de estas páginas, Halim, Matt, Kevin y otros más. Amo estar en una iglesia que valora la Palabra de Dios y el evangelio por encima de todo lo demás. Me llevan a Jesús continuamente. Y Val Vance, gracias por tu parte en estas palabras también.

Al equipo de Chad: Gracias Katy, Haley y Chad Cannon.

Y por último, a Our Village. ¿Cómo podría un grupo de Facebook convertirse en una familia? El nuestro lo hizo. Perdieron horas de sueño, pensaron en profundidad, oraron y me alentaron cuando más lo necesité. Fueron el amor de Dios hacia mí una y otra vez. Estoy más que agradecida.

Notas

•••••••••••••••••••••••••

Reconocer nuestra sed

1. Ben Rector, "If You Can Hear Me" [Si puedes oírme], *The Walking In Between*, Aptly Named Records/ROR, 2013.
2. Jeremías 2:13
3. Juan 7:37-38

Capítulo 1: Mi tranquila confesión

1. Romanos 3:23

Capítulo 2: De cuadros con estrellas y mochilas

1. Jeremías 9:23-24
2. 2 Corintios 10:5
3. Ver Salmos 23:2-3
4. Salmos 103:12

Capítulo 3: Adormecidas

1. Ver Mateo 25:37-40
2. Ver Mateo 11:28-30 (paráfrasis)

Capítulo 4: Salir a respirar

1. 1 Juan 2:6
2. Juan 1:1-5, 9-14
3. Juan 7:37-38
4. Isaías 41:10
5. 2 Corintios 12:9

Capítulo 5: No más sedienta

1. Ver Lucas 22:19-20; 1 Corintios 11:23-25
2. Hebreos 8:10-13
3. Ver en http://dle.rae.es "regocijar", "entretener".
4. Ver Salmos 84:10
5. Ver Mateo 5:29-30, 18:8; Marcos 9:43-47
6. Ver Salmos 63:1
7. C.S. Lewis, *Mero cristianismo*, Nueva York, HarperCollins, 1980, pp. 136-37 del original en inglés.

Capítulo 6: No más sola

1. Mandy Len Catron, "To Fall in Love with Anyone, Do This" [Para enamorarte de alguien, haz esto], *New York Times*, 9 de enero de 2015, Artículo disponible en www.nytimes.com/2015/01/11/fashion/modern-love-to-fall-in-love-with-anyone-do-this.html.
2. Jean Vanier, *Acoger nuestra humanidad*, Promoción Popular Cristiana, 176 pp., año 2005.
3. C.S. Lewis, The Four Loves [Los cuatro amores], Orlando, Harcourt Brace, 1988, p. 121 del original en inglés.

Capítulo 7: No más cansada

1. Ver Mateo 8:23-27
2. Ver Juan 6:5-6
3. Ver Éxodo 3-4
4. Ver Juan 6:29
5. Isaías 30:15

Capítulo 8: No más pasiva

1. Juan 9:39

2. N del T: El 9 de agosto de 2014, el oficial de policía de raza blanca Darren Wilson le disparó mortalmente al adolescente afroamericano Michael Brown; esto causó disturbios y tensión racial en la ciudad.

Capítulo 9: No más temerosa

1. Ver Romanos 5:3-5
2. Ver Filipenses 3:8-9
3. Juan 11:15
4. Salmos 19:1
5. Efesios 2:4-5
6. Filipenses 4:12
7. Ver Filipenses 4:13
8. Oswald Chambers, "The Big Compelling of God", *Called of God*, Grand Rapids, Discovery House, 2015, Ebook.
9. Ver Juan 14:3
10. Romanos 8:35, 37-39

Capítulo 10: No más avergonzada

1. 2 Corintios 10:5
2. Santiago 5:16
3. 1 Juan 1:8-9

Capítulo 11: No más vacía

1. Ver 1 Corintios 1:27
2. Ver Juan 1:4-5
3. Juan 15:4-5
4. Rick LaVasseur, "How Does a Fruit Tree Produce Fruit?", *Quora*, 23 de octubre de 2012, disponible en www.quora.com/How-does-a-fruit-tree-produce-fruit.

5. 1 Tesalonicenses 4:11
6. Charles Spurgeon, citado en Godfrey Holden Pike and James Champlin Fernald, "Te Last Sermon" [El último sermón], *Charles Haddon Spurgeon, Preacher, Author, Philantropist: With Anecdotal Reminiscences*, Nueva York, Funk & Wagnalls, 1892, p. 397 del original en inglés.
7. Ver Hebreos 10:23
8. Ver Marcos 12:30
9. Ver Marcos 12:31
10. Juan 15:9-10, MSG

Pensamientos finales: Lo que creemos sobre Dios

1. Apocalipsis 22:1-2
2. Ver Éxodo 3:14; Apocalipsis 22:13; 1 Juan 1:5; Isaías 48:13; Jeremías 1:5; Juan 15:16; Isaías 43:25; Juan 1:12; 1 Corintios 3:16; Ezequiel 36:26-27; Deuteronomio 31:8; Hebreos 13:21; 2 Timoteo 1:7; Mateo 16:18; Isaías 66:13; Juan 14:26; Apocalipsis 3:11; Salmos 138:8; Hebreos 10:37; Salmos 25:13; Apocalipsis 21:3-5; Mateo 6:10